LEITURAS  FILOSÓFICAS

GIOVANNI REALE

CONVITE A PLATÃO

Tradução:
Mauricio Pagotto Marsola

Edições Loyola

Título original:
Invito a Platone
© BY EDITRICE MORCELLIANA
Giovanni Reale, *Invito a Platone*
Via Gabriele Rosa 71 – 25121 Brescia – Italia
ISBN 978-88-350-4038-5

Dados Internacionais de Catalogação na Publicação (CIP)
(Câmara Brasileira do Livro, SP, Brasil)

Reale, Giovanni
 Convite a Platão / Giovanni Reale ; tradução Mauricio Pagotto
Marsola. -- São Paulo : Edições Loyola, 2022. -- (Coleção leituras
filosóficas)

 Título original: Invito a Platone
 Bibliografia.
 ISBN 978-65-5504-167-5

 1. Filosofia antiga 2. Platão I. Título. II. Série.

22-116059   CDD-184

Índices para catálogo sistemático:
1. Platão : Filosofia   184
      Cibele Maria Dias - Bibliotecária - CRB-8/9427

Preparação: Maria de Fátima Cavallaro
Capa: Inês Ruivo
Diagramação: Ronaldo Hideo Inoue
Revisão: Marta Almeida de Sá

Edições Loyola Jesuítas
Rua 1822 nº 341 – Ipiranga
04216-000 São Paulo, SP
T 55 11 3385 8500/8501, 2063 4275
editorial@loyola.com.br
vendas@loyola.com.br
www.loyola.com.br

Todos os direitos reservados. Nenhuma parte desta obra pode ser reproduzida ou transmitida por qualquer forma e/ou quaisquer meios (eletrônico ou mecânico, incluindo fotocópia e gravação) ou arquivada em qualquer sistema ou banco de dados sem permissão escrita da Editora.

ISBN 978-65-5504-167-5

© EDIÇÕES LOYOLA, São Paulo, Brasil, 2022

SUMÁRIO

INTRODUÇÃO 9
Uma filosofia magistral
ROBERTO RADICE

CONVITE A PLATÃO

Capítulo I
A QUESTÃO PLATÔNICA 17
1. A vida e as obras 17
2. Autenticidade e cronologia dos escritos 20
3. As doutrinas não escritas 23
4. Sócrates nos diálogos platônicos 25
5. O significado do mito em Platão 27
6. Caráter poliédrico e polivalente
   do filosofar platônico 29

SÍNTESE DOS DIÁLOGOS 31
*Apologia de Sócrates, Crátilo,
Críton, Eutífron, Protágoras*

APROFUNDAMENTO 37
Da oralidade à escrita

Capítulo II
A TEORIA DAS IDEIAS E DOS PRIMEIROS PRINCÍPIOS 43

1. A descoberta da metafísica 43
2. Os três grandes pontos focais da filosofia de Platão: a teoria das Ideias, dos Princípios e do Demiurgo 48
3. Hiperurânio ou o mundo das Ideias 50
4. A estrutura do mundo ideal 55
5. A doutrina dos Princípios Primeiros e Supremos: o Uno (Bem) e a Díade indefinida 57
6. Os princípios dos quais nasce o mundo sensível 61
7. Deus e o divino em Platão 65

SÍNTESE DOS DIÁLOGOS 67
Fédon, Parmênides, Sofista, Filebo, Timeu

APROFUNDAMENTO 73
O problema do Uno no *Parmênides*

APROFUNDAMENTO 77
A Díade

Capítulo III
O CONHECIMENTO E A DIALÉTICA 83

1. A anamnese, raiz do conhecimento 83
2. Os graus do conhecimento 88
3. A dialética 90
4. O esquema protológico da dialética centrado no uno e no múltiplo 93

SÍNTESE DOS DIÁLOGOS 95
Mênon

Capítulo IV
A ARTE E O AMOR PLATÔNICO 97
1. A arte como distanciamento do verdadeiro 97
2. A retórica como mistificação do verdadeiro 99
3. O amor platônico como via alógica
   para o absoluto 100

SÍNTESE DOS DIÁLOGOS 103
Górgias, Fedro, Banquete

Capítulo V
A CONCEPÇÃO DO HOMEM 107
1. Concepção dualista do homem 107
2. Fuga do corpo, fuga do mundo,
   assimilação a Deus 109
3. Purificação da alma 112
4. A imortalidade da alma 114
5. A metempsicose 115
6. O mito de Er 117
7. O mito da parelha alada 119
8. Conclusões sobre a escatologia platônica 121

SÍNTESE DOS DIÁLOGOS 123
Teeteto

APROFUNDAMENTO 125
Dialética e assimilação a Deus

Capítulo VI
O ESTADO (*POLITEIA*) IDEAL 127
1. A *República* platônica 127
2. O *Político* e as *Leis* 133

SÍNTESE DOS DIÁLOGOS 137
República, Político, Leis

APROFUNDAMENTO 141
A *República* de Platão

Capítulo VII
CONCLUSÕES 151
1. O mito da caverna 151
2. Os quatro significados do mito da caverna 153

Capítulo VIII
A ACADEMIA PLATÔNICA E
OS SUCESSORES DE PLATÃO 155
1. Finalidade da Academia... 155
2. Espeusipo e Xenócrates 156
3. Polemon, Crates e Crantor 157

BIBLIOGRAFIA 159
Obras de Platão 159
Obras sobre Platão... 161

ILUSTRAÇÕES

Acrópole de Eleia 164
Templo de Apolo em Delfos... 166
A Acrópole de Atenas 168
Mosaico dos filósofos 170
A *Escola de Atenas* de Rafael 172
Platão e Aristóteles... 176

INTRODUÇÃO
Uma filosofia magistral
Roberto Radice

Por certo tempo, em verdade não muito longo, Giovanni Reale carregou o peso de um juízo negativo que, sem dúvida, não o alegrava, mas tampouco freava sua intensa atividade. De qualquer modo, para ele, isso traduzia uma certa desafeição pelos circuitos normais da comunidade acadêmica, e certo isolamento nesse âmbito.

A abordagem a seu respeito se dava em razão do fato de suas obras serem "fáceis de se ler", quase sempre extensas sínteses, não específicas, e, além de englobar grandes problemas de exegese ou de caráter histórico-filosófico, com frequência, pretendiam retirar do conteúdo estudado consequências de caráter amplo, quando não "advertências" ao tempo moderno.

Isso produzia a ideia de que ele fazia uso ideológico da história da filosofia com a finalidade mais ou menos oculta de "batizar" a sabedoria antiga, dadas as convicções religiosas que o animavam. Mas, pelo que se saiba, ninguém nunca duvidou de sua extraordinária competência profissional, depois que, a partir dos anos 1960 e 1970, havia realizado, para as maiores e mais exclusivas coleções, pesquisas especializadas de absoluto valor e totalmente inovadoras: por exemplo, sobre a *Metafísica* de Aristóteles (em 1961 e em 1968), sobre Melisso (em 1970) e sobre os eleatas (em 1967).

Reale reconhecia explicitamente esse caráter polêmico no prefácio de *A sabedoria dos antigos*[1]:

> Seja lícita nesse ponto uma recordação pessoal: há algum tempo, alguns colegas [...] me acusavam de ser "pouco científico", pois demonstrava crer ainda em algumas das coisas ditas pelos antigos, e, portanto, em sua opinião, lhes tratava metodologicamente de modo inconveniente, como materiais espirituais ainda aproveitáveis, enquanto deveria, ao contrário, tratar aquelas filosofias de um modo distanciado, como o biólogo manipula seu material *in vitro*.

Em verdade, por trás dessa avaliação ocultava-se a ideia de que ele fosse sobretudo um grande divulgador; e assim como "divulgar" deriva de "vulgo", e raramente o vulgo está no espectro dos sábios, implicitamente sugeria-se a seu respeito o papel de "filósofo diluído" de baixa intensidade.

No entanto, Reale jamais fez divulgação, ou comunicação, a qual, com frequência, mais que retirar a competência de algo, sua informação e objetividade, acrescenta-lhe o caráter de persuasão, com base no fato de que nenhum discurso pode ignorar um público.

Em seu caso, contudo, havia uma motivação mais profunda da convicção de que a humanidade atual estivesse cultural e psicologicamente doente e que a filosofia, sobretudo a antiga, estivesse em condições de curá-la.

Para ele, a comunicação do saber filosófico não era uma questão de "intelectuais", mas um dever moral, uma espécie de

---

1. *La sagezza antica*. Milão, Raffaello Cortina, 1995, p. 7 [Trad. bras.: *O saber dos antigos. Terapia para os tempos atuais*. São Paulo: Loyola, 2007].

missão humanitária, pois equivalia à administração do maior número possível de "doentes" do remédio para curar: antes, em certos casos, assumia a forma de uma verdadeira e própria vacinação em massa. Assim como os remédios *in vitro* fazem tão bem ao progresso, mas nenhum bem aos doentes (enquanto permanecem *in vitro* nos laboratórios), a difusão da filosofia (equivalente aos remédios nas farmácias) era considerada por ele uma tarefa obrigatória.

A doença aqui é o niilismo: uma verdadeira pandemia que contagiou toda a civilização.

Em *A sabedoria dos antigos* dava-se dele uma definição teórica com base no pensamento de Nietzsche, apresentando-a como negação de uma série de princípios basilares (os quais correspondem aos teoremas expressos pela sabedoria antiga, particularmente a platônica) que na tradição ocidental perpetuaram-se por séculos, absorvendo a contribuição da mensagem cristã. Para Reale, são substancialmente os seguintes: (1) Deus como princípio primeiro, origem não tanto das coisas, mas das regras do mundo e, indiretamente, da moral; (2) o fim último; (3) o ser; (4) o bem; (5) a verdade[2].

O Deus do qual Nietzsche fala é tanto aquele do cristianismo (em seu juízo, responsável por uma moral fraca, para doentes) quanto o do mundo dos valores absolutos, de modo que todos os outros termos que se tenha em vista podem ser nele resumidos. Efetivamente, pela prova dos fatos e também pelo exame da História — segundo a opinião do filósofo alemão e da cultura dominante do mundo moderno —, esses dogmas não têm mais nenhum sentido nem fundamento credível, e o homem niilista, tornado órfão de Deus e de todos os valores, vive como exilado, reduzido a *panem et circenses* (pão e divertimentos), consolado por religiões efêmeras, dirigido por ideais de fôlego curto, senão tantas vezes vítima das drogas.

---

2. *A sabedoria dos antigos*, 14 (ed. it.).

Tudo isso pode transformar-se numa condição estável e dominante, pois o necessário para sobreviver é fornecido, independentemente da vontade individual, por uma espécie de pensamento técnico e econômico que parece caminhar por conta própria, sem necessidade de escolhas pessoais, movendo-se automaticamente na construção do bem-estar. A comodidade e a acessibilidade ao bem-estar se pagam, no entanto, com a perda da liberdade e do conhecimento e com a redução do indivíduo ao nível de consumidor.

Em suma, aos olhos de Reale (que cita Lorenz em *A sabedoria dos antigos*[3]), o status de consumidor relega o indivíduo "à passividade, o encoraja ao estado de ânimo fraco e preguiçoso que caracteriza não apenas o homem cansado, mas também o homem saciado, para não dizer supernutrido". Em poucas palavras, o contamina com uma doença mortal.

Contudo, para Reale, no fundo de tal diagnóstico, que se alimenta da tradição filosófica dos séculos XIX e XX, há uma ideia ainda mais determinista e explicativa, que faz referência à natureza totalizante da filosofia. Uma filosofia pode ser correta ou equivocada, de acordo com o ponto de vista, mas, se renuncia a explicar o "todo", perde sua essência e se torna inútil. A tal ponto, não se compreende sequer qual é seu sentido, pois, como consequência dessa renúncia, passa a competir com uma das ciências particulares sem ter as credenciais (e a corroboração) para poder competir com ela, de tal modo, perdendo-se.

Se transferirmos o discurso sobre os conteúdos para a atividade que os compõe, um homem que tenha sua intenção voltada apenas ao particular e nenhuma visão para a totalidade de si, do mundo e da história revela a mesma fragilidade, inconsistência e passividade que reprovamos no consumidor.

Portanto, não é exclusivamente o conteúdo do saber filosófico, mas a própria prática da filosofia — isto é, as perguntas so-

---

3. Ibid., 6 (ed. it.).

bre os problemas fundamentais e sobre a natureza do todo — a ter propriedades terapêuticas, mesmo se, conforme Reale, nesse âmbito, os melhores efeitos pareçam ser obtidos com a filosofia de Platão.

Foi Platão quem inventou o "ideal" (correspondente ao mundo das ideias) e deu-lhe uma realidade suprassensível, estável e fora do tempo e da história. Foi ele também que considerou a natureza e as obras humanas e que, na fixação de sua doutrina, claramente distinguiu as fases nascente e originária da visão do verdadeiro da fase da comunicação, reservando uma à oralidade e ao ambiente da Escola (onde, às vezes, "uma luz se acende como uma centelha que se incendeia"), e outra ao diálogo oferecido à leitura de todos. Ainda que tivesse Platão como modelo, Reale nunca pensou numa filosofia de elite e, como consequência, num salto valorativo entre a produção e a difusão dos conteúdos, mas considerava o resultado da pesquisa como a fase experimental do remédio e sua administração e assunção como seu resultado conclusivo. O fim da filosofia reside em sua capacidade de cura, e um Platão *in vitro* não cuidaria da alma e da mente de ninguém.

Essa concepção de fundo — sem nada retirar da investigação dos textos — revela a linha de desenvolvimento do pensamento de nosso estudioso, explica também sua ação de docente e de comunicador, o esforço profuso na direção de muitas coleções de filosofia, a prioridade dada às traduções dos filósofos. Sobretudo a tradução das grandes obras filosóficas serve para fecundar o terreno, para levar o leitor à abordagem totalizante e contemplativa que é o princípio ativo da terapia antiniilista: não deixar-se levar pelo momento e pelas circunstâncias, não crendo sequer na ideia de que a filosofia possa transformar-se em *práxis*, pois, quando pretende agir diretamente, então renuncia a si mesma e à sua tarefa específica de contemplação. Para Reale, a contemplação é uma espécie de ancoragem que, no fluxo do efêmero, lega o indivíduo aos valores absolutos e o orienta.

De tal modo, compreende-se por que, sempre à maneira de Platão, o processo do conhecimento induzido pela filosofia se traduz num ato de "con-versão" do sensível ao suprassensível, "da falsa à verdadeira dimensão do ser", onde está a cura.

Tudo o que dissemos de Giovanni Reale não se deixa fechar numa perspectiva abstrata, mas, sim, num âmbito essencialmente educativo, para a precisão da projeção comunicativa.

Se olharmos os homens afetados por uma doença intelectual, veremos que a cura deve ser difusa e constante; a doença é identificada em seu início, e isso justifica o grande empenho que, junto a Antiseri, o levou à produção de uma história da filosofia destinada aos colégios[4], a partir dos anos 1970, rumo à editora La Scuola, e compreenderemos também a tradução em forma teatral, para o ator Carlo Rivolta, de alguns diálogos fundamentais de Platão, representados centenas de vezes em muitas escolas da Itália.

Resulta daí com precisão o projeto e o desenvolvimento de uma educação perpétua, tomada como finalidade da filosofia terapêutica. Melhor seria dizer de uma *filosofia magistral*, isto é, nascida para ser comunicada e para se fazer compreender em suas finalidades.

Por outro lado, de onde teria nascido a tradição filosófica se o primeiro filósofo, além de ser um grande pensador, não tivesse sido também um grande mestre, a ponto de fazer de seu discípulo um filósofo, e não um poeta ou um beato?

---

4. Nova edição revista e ampliada: *Il pensiero occidentale*, com D. Antiseri, 3 vol., Brescia: La Scuola, 2013 [Trad. bras.: *Filosofia*, São Paulo: Paulus, 2016].

GIOVANNI REALE

CONVITE A PLATÃO

Capítulo I
A QUESTÃO PLATÔNICA

1. A vida e as obras

Platão nasceu em Atenas no ano de 428/427 a.C. Seu nome verdadeiro era Arístocles; Platão é um cognome derivado, como dizem alguns, de seu vigor físico ou, como dizem outros, da amplitude de seu estilo ou da dimensão de sua fronte (em grego, *platos* quer dizer "amplitude", "largura", "extensão"). Seu pai tinha entre seus antepassados o rei Codro, e a mãe tinha parentesco com Sólon. É, portanto, óbvio que Platão desde a juventude tenha visto na vida política seu próprio ideal: o nascimento, a inteligência e as atitudes pessoais, tudo apontava para aquela direção. Esse é um dado biográfico absolutamente essencial e que, no fundo, tem incidência sobre a substância mesma de seu pensamento.

As origens

Aristóteles diz que Platão foi a princípio discípulo do filósofo heraclítico Crátilo e, em seguida, de Sócrates (o encontro de Platão com Sócrates ocorre provavel-

Discípulo de Sócrates

mente em torno de seus vinte anos). É certo que Platão, como a maior parte dos outros jovens, frequentou Sócrates não para fazer da filosofia o objetivo de sua própria vida, mas para, por meio dela, melhor preparar-se para a vida política. Os acontecimentos posteriores encaminharam sua vida em outra direção.

Platão deve ter feito um primeiro contato direto com a vida política em 404-403 a.C., quando a aristocracia tomou o poder e dois de seus parentes, Cármides e Crítias, fizeram parte do primeiro escalão do governo oligárquico: mas tratou-se, sem dúvida, de uma experiência amarga e decepcionante por causa dos métodos facciosos e violentos que Platão vê serem postos em ação justamente por aqueles nos quais havia nutrido sua confiança.

A decepção com os métodos da política praticada em Atenas atinge seu auge em 399 a.C., quando Sócrates foi condenado à morte pelo grupo de democratas que havia retomado o poder. De tal modo, Platão se convence de que, por ora, seria melhor manter-se longe da política militante.

Após o ano de 399 a.C., Platão, com alguns outros socráticos, foi hospedado em Megara por Euclides (provavelmente, para evitar possíveis perseguições que poderiam ocorrer pelo fato de terem feito parte do círculo socrático), mas ali não se deteve por muito tempo.

Primeira viagem à Sicília

Em 388 a.C., quando estava com cerca de quarenta anos, ele partiu em direção à Itália. Se, como há referências, Platão também foi ao Egito e a Cirene, isso deve ter ocorrido antes de 388 a.C.; mas a autobiografia contida na *Carta VII* não diz nada a esse respeito. Aquilo que o moveu à Itália deve certamente ter sido o desejo de conhecer as comunidades dos pitagóricos (ele conheceu, de fato, Árquitas). Durante essa viagem, foi convidado para ir a Siracusa, na Sicília, pelo tirano Dionísio I, em quem esperava incutir o ideal do rei-filósofo (que já havia exposto no *Górgias*, obra que precede tal viagem). Em Siracusa, logo Platão acaba por entrar em atrito com o tirano e com a corte (sustentando aqueles princípios expressos no *Górgias*); desenvolve, ao contrário, um forte vínculo de amizade com Dion, parente do tirano, em quem Platão crê encontrar um discípulo capaz de se tornar rei-filósofo. Dionísio irritou-se a ponto de fazer com que fosse vendido como escravo por um embaixador espartano em Egina (talvez, mais simplesmente, ao ter sido obrigado a desembarcar em Egina, que estava em guerra com Atenas, Platão foi mantido como escravo), mas, afortunadamente, foi resgatado por Anicérides de Cirene, que ali se encontrava no momento.

De volta a Atenas, fundou a Academia (em um ginásio situado num local dedicado ao herói Academo, daí o nome "academia"), sendo o *Mênon* provavelmente o primeiro manifesto da nova Escola. A Academia logo se consolidou e atraiu numerosos jovens e também homens ilustres. A Academia

Em 367 a.C., Platão faz uma segunda viagem à Sicília. Após a morte de Dionísio I, sucedeu-o seu filho Dionísio II, que, na opinião de Dion, poderia favorecer os projetos de Platão muito mais que o pai. Mas Dionísio II não se mostrou diferente: exilou Dion, acusando-o de tramar contra ele, e manteve Platão quase como um prisioneiro. Apenas por ter se empenhado em uma guerra, Dionísio finalmente deixou que Platão retornasse a Atenas. Segunda viagem à Sicília

Em 361 a.C., Platão retorna pela terceira vez à Sicília. Após seu retorno a Atenas, encontrou Dion, Terceira viagem à Sicília que ali havia se refugiado, e o convenceu a aceitar um novo insistente convite de Dionísio (que o queria na corte para poder completar sua preparação filosófica), esperando que, de tal modo, Dionísio o readmitisse em Siracusa. Mas foi um grave erro acreditar na mudança de sentimentos de Dionísio. Platão teria, de fato, arriscado sua vida não fosse a intervenção de Árquitas e dos Tarantinos a salvá-lo (Dion conseguiu, em 357 a.C., retomar o poder em Siracusa, mas não por muito tempo; foi assassinado em 353 a.C.).

Em 360, Platão retornou a Atenas e ali permaneceu na direção da Academia até sua morte, em 374 a.C.

As obras Os escritos de Platão chegaram a nós de modo completo. A ordem que lhes foi dada pelo gramático Trasilo (século I d.C.) baseou-se no conteúdo dos trinta e seis escritos, que foram subdivididos em nove tetralogias: 1. *Eutífron, Apologia de Sócrates, Críton, Fédon*; 2. *Crátilo, Teeteto, Sofista, Político*; 3. *Parmênides, Filebo, Banquete, Fedro*; 4. *Primeiro Alcebíades, Segundo Alcebíades, Hiparco, Amantes*; 5. *Teages, Cármides, Laques, Lísias*; 6. *Eutidemo, Protágoras, Górgias, Mênon*; 7. *Hípias menor, Hípias maior, Íon, Menexeno*; 8. *Clítofon, República, Timeu, Crítias*; 9. *Minos, Leis, Epinomis, Cartas*.

A interpretação correta e a avaliação desses escritos apresentam uma série de problemas complexos que, em seu conjunto, constituem aquilo que foi denominado questão platônica.

2. Autenticidade e cronologia dos escritos

A autenticidade dos escritos de Platão O primeiro problema que surge diante dos trinta e seis escritos diz respeito à autenticidade: são todos obra de Platão ou há também alguns inautênticos? E quais seriam?

Há um grande debate na crítica acerca desses problemas desde o século XIX, colocando em dúvida a autenticidade de quase todos os diálogos; posteriormente, o problema perdeu intensidade e, hoje, tende-se a considerar quase todos os diálogos como autênticos.

O segundo problema diz respeito à cronologia desses escritos. Não se trata de um simples problema de erudição, já que o pensamento de Platão desenvolveu-se gradualmente, crescendo sobre si mesmo. A partir do fim do século XIX, em parte graças aos critérios estilométricos (ou seja, do estudo científico das características estilísticas das várias obras), foi possível fornecer ao problema uma resposta ao menos parcial.

<small>A cronologia</small>

Partindo-se das *Leis*, que são certamente o último escrito de Platão, e depois de uma acurada circunscrição das características estilísticas dessa obra, buscou-se estabelecer quais outros escritos correspondem a tais características: de tal modo, foi possível concluir, ainda que por meio de outros critérios colaterais, que provavelmente os escritos do último período são, na ordem: *Teeteto*, *Parmênides*, *Sofista*, *Político*, *Filebo*, *Timeu*, *Crítias* e *Leis*.

<small>Os escritos do último período</small>

A *República* pertence à fase central da produção platônica, precedida do *Fédon* e do *Banquete*, e seguida do *Fedro*.

Pôde-se convencionar que um grupo de diálogos representa o período de amadurecimento e de passagem da fase juvenil para a fase mais original: o *Górgias* pertence provavelmente ao período imediatamente anterior à primeira viagem à Itália, e o *Mênon*, ao

<small>Os diálogos de maturidade</small>

período imediatamente seguinte. A esse período pertence, provavelmente, também o *Crátilo*. O *Protágoras* talvez seja o coroamento da primeira atividade.

Os diálogos de juventude

Os outros diálogos, sobretudo os mais breves, são na maior parte escritos de juventude, como, de resto, é confirmado pela temática tipicamente socrática neles discutida. Alguns, em seguida, podem certamente ter sido retocados e parcialmente refeitos na idade madura.

De qualquer modo, no estado atual dos estudos, uma vez acertado que os assim chamados "diálogos dialéticos" (*Parmênides*, *Sofista*, *Político*, *Filebo*) são obra da maturidade, mesmo que em relação aos primeiros escritos permaneçam incertezas, é possível reconstruir o pensamento platônico de maneira bastante satisfatória.

A princípio, Platão tratou de uma problemática predominantemente ética (ético-política), movendo-se exatamente a partir da posição que pertencia a Sócrates. Em seguida, dá-se conta da necessidade de recuperar as instâncias da filosofia da *physis*. Mas a recuperação dos elementos ontocosmológicos dos físicos é feita de modo profundamente original e, antes, mediante uma autêntica revolução do pensamento, que o próprio Platão chamou de "segunda navegação", a navegação que o levou à descoberta do suprassensível (do ser suprafísico), como veremos no segundo capítulo.

A descoberta do ser suprassensível e de suas categorias leva a um processo de revisão de uma série de antigos problemas, fazendo, por outro lado, que surjam uma série de novos problemas, que Platão tematizou e aprofundou gradualmente nos diálogos de maturidade e de velhice, de modo incessante. Mas falaremos disso ao longo da exposição de seu pensamento.

Subdivisão das obras de Platão					
Escritos de juventude e socráticos		Escritos de maturidade		Escritos de velhice	
Apologia	Eutidemo	Mênon	República	Parmênides	Timeu
Críton	Hípias menor	Fédon	Fedro	Teeteto	Crítias
Íon	Crátilo	Banquete		Sofista	Leis
Laques	Hípias maior			Político	Cartas VII-VIII
Lísias	Menexeno			Filebo	
Cármides	Górgias				
Eutífron	Protágoras				

3. As doutrinas não escritas

Sobretudo ao longo das últimas décadas, surgiu em primeiro plano um terceiro problema, o das assim chamadas doutrinas não escritas (*ágrapha dógmata*), que tornou a "questão platônica" muito mais complexa, mas que por muitos aspectos mostrou-se de importância decisiva.

Hoje, com efeito, muitos estudiosos consideram que depende da solução desse problema a correta compreensão do pensamento platônico em geral e da própria história do platonismo na Antiguidade.

Fontes antigas dizem que Platão proferiu cursos internos à Academia intitulados *Sobre o Bem*, que ele não quis fixar por escrito. Nesses cursos, ele abordava as realidades últimas e supremas, ou seja, os Primeiros Princípios, e conduzia os discípulos a compreender tais Princípios por meio de um rigoroso percurso metódico e dialético. Platão estava profundamente

> As lições sobre as realidades últimas

convencido de que essas "realidades últimas e supremas" não podiam ser comunicadas senão mediante uma preparação adequada e por verificações rigorosas, que podiam ser realizadas apenas pelo diálogo vivo e na dimensão da oralidade dialética.

O próprio Platão diz em sua *Carta VII*:

> *Carta VII*
>
> O conhecimento dessas coisas não pode ser comunicado como os outros conhecimentos, mas após muitas discussões a seu respeito, e após uma mudança de vida, subitamente, como a luz que se acende de uma centelha, assim nascendo na alma, que se alimenta por si mesma [...] (341c-d).

Essas coisas são apreendidas necessariamente em conjunto e em conjunto aprende-se o falso e o verdadeiro que concerne a qualquer realidade, após uma aplicação total e após muito tempo, como disse no início: friccionando-se umas nas outras, tais coisas, ou seja, nomes e definições e visões e sensações, e sendo postas à prova por refutações benévolas e ensaiadas em discussões feitas sem inveja, resplandece subitamente o conhecimento de cada uma e a intuição do intelecto, para aquele que realiza o máximo esforço possível à capacidade humana (344b-c).

"Acerca dessas coisas não há nenhum escrito meu, nem haverá"

Platão mostrou-se muito firme a esse respeito e sua decisão foi categórica: "Acerca dessas coisas não há nenhum escrito meu, nem jamais haverá" (341c).

Alguns dos discípulos que assistiram a tais lições devem ter posto essas doutrinas por escrito no momento em que foram proferidas. Platão desaprovou, ou, antes, condenou explicitamente tais escritos, considerando-os nocivos e inúteis, pelas razões já ditas; mas também admitiu que alguns desses discípulos haviam compreendido bem suas lições.

Em conclusão, para compreender Platão devemos levar em conta, além dos diálogos escritos, também essas doutrinas não escritas transmitidas pela tradição indireta, que dizem respeito a elementos-chave de todo o sistema. Atualmente, muitos estão convencidos de que alguns diálogos e, sobretudo, algumas de suas partes, consideradas passagens enigmáticas ou problemáticas, recebem nova luz se forem postas em conexão com as doutrinas não escritas.

As doutrinas não escritas

Portanto, os diálogos escritos elaboram um discurso que conduz a um nível elevado, mas o ponto conclusivo encontra-se apenas nas doutrinas não escritas expostas naquelas lições *Sobre o Bem*, feitas no interior da Academia, que, portanto, deveriam constituir um ponto de referência essencial, na medida em que, de algum modo, foram transmitidas.

4. Sócrates nos diálogos platônicos

Platão não quis escrever apenas sobre seus princípios últimos, mas também acerca daquelas coisas sobre as quais considera poder escrever recusou-se a ser "sistemático", procurando reproduzir o espírito do diálogo socrático, imitando sua peculiaridade, ou seja, reproduzindo aquela incessante interrogação, com todas as dificuldades da dúvida, com os desvios imprevistos, que impelem à verdade, sem revelá-la, mas solicitando a alma a buscar encontrá-la, com rupturas dramáticas que preparam investigações ulteriores.

Um novo gênero literário

Nasce, assim, o diálogo socrático, que se torna gênero literário específico, adotado por numerosos discípulos de Sócrates e também por filósofos posteriores. Platão foi provavelmente o inventor desse gênero (do qual damos os exemplos da *Apologia*, do *Crátilo*, do *Críton*, do *Eutífron* e do *Protágoras* nas p. 31-36) e, sem dúvida, o único representante autêntico, já que somente nele é reconhecível a verdadeira natureza do filosofar socrático, o que, nos outros escritores, decai num maneirismo banal.

O papel do leitor

A escrita filosófica para Platão é, portanto, o diálogo, e Sócrates é o protagonista da maioria de seus diálogos (constituindo a principal máscara de Platão), os quais discutirá com um ou mais interlocutores; além desses, igualmente importante é o papel do leitor, que será a ele chamado como interlocutor absolutamente insubstituível, pois ao leitor será legada a tarefa de tratar de modo maiêutico a solução de muitos dos problemas discutidos.

O personagem Sócrates

É evidente, com base no que foi dito, que o Sócrates dos diálogos platônicos passa de "pessoa" histórica a "personagem" da ação dialógica, de modo que, para compreender Platão, como já Hegel havia entendido, "não cabe perguntar o que nos diálogos pertence a Sócrates ou a Platão". Com efeito, Platão opera sempre, do início ao fim, uma transformação do plano histórico ao teórico, e nessa perspectiva teórica devem ser lidos todos os escritos de Platão.

Portanto, o Sócrates dos diálogos, na verdade, é Platão, e o Platão escrito, pelas razões supracitadas, deve ser lido levando-se em conta o Platão não escrito. É, de qualquer modo, errado ler os diálogos como fontes autônomas do pensamento platônico, repudiando, assim, a tradição indireta.

5. O significado do mito em Platão

A filosofia nasceu como distanciamento do *logos* em relação ao mito e à fantasia. Os sofistas fizeram um uso funcional (alguns dizem, iluminista, ou seja, racionalista) do mito; mas Sócrates condenou esse uso, exigindo o rigoroso procedimento dialético. Platão, a princípio, partilha essa posição socrática, mas já a partir do *Górgias* revalorizou o expediente mitológico, que sucessivamente utilizou de modo constante e ao qual atribuiu uma grande importância. Como se explica esse fato? Como agora a filosofia volta a subsumir o mito? Seria talvez uma involução, uma abdicação parcial da filosofia em relação às suas próprias prerrogativas, uma renúncia à coerência, ou, de todo modo, um sintoma de desconfiança em si? Em suma, que sentido tem o mito em Platão?

<small>O mito</small>

A esse questionamento foram dadas respostas muito diversas, e suas soluções mais extremas foram assumidas por Hegel, no século XIX, e, posteriormente, pela escola de Heidegger.

<small>As soluções de Hegel e de Heidegger</small>

Hegel (e seus seguidores) vê no mito platônico um impedimento ao pensamento, uma imaturidade do *logos* que ainda não adquiriu plena liberdade. Ao contrário, a escola de Heidegger encontra no mito a mais autêntica expressão do pensamento platônico. Com efeito, o *logos* apreende o ser, mas não tem vida, o mito vem em seu auxílio para explicar a vida, não apreensível pelo *logos*.

Platão reavalia o mito na medida em que começa a reavaliar algumas teses fundamentais do orfismo e de sua tendência mística e seu componente religioso. Nele o mito é expressão de fé e de crença mais que

<small>O mito: uma forma de fé racionalizada</small>

de fantasia. Com efeito, em muitos diálogos, do *Górgias* em diante, a filosofia de Platão, no que concerne a certos temas, torna-se uma forma de fé racionalizada: o mito busca um esclarecimento no *logos*, e o *logos* busca um complemento no mito. Platão confere à força do mito a tarefa, quando a razão chega aos limites extremos de suas possibilidades, de superar intuitivamente esses limites, elevando o espírito a uma visão, ou, ao menos, a uma tensão, que se pode chamar de metarracional.

O mito como estímulo do logos

Além disso, pode-se notar de modo particular que o mito do qual Platão faz uso metódico é essencialmente diferente do mito pré-filosófico, que ainda não conhecia o *logos*. Trata-se de um mito que, como dissemos, não apenas é expressão de fé mais que de estupor fantástico, é também um mito que não subordina o *logos* a si, mas estimula o *logos* e o fecunda no sentido em que explicamos, e por isso é um mito que, ao ser criado, simultaneamente é desmitizado, vindo do próprio *logos*, despojado de seus elementos fantásticos, para fazê-lo manter apenas os poderes alusivos e intuitivos. No entanto a explicação mais clara do que dissemos pode ser encontrada no *Fédon*, no trecho que segue imediatamente a narração de um dos mais grandiosos mitos pelos quais Platão procurou representar as sortes das almas no além:

> Certamente, sustentar que as coisas sejam verdadeiramente desse modo como expus não convém a um homem de bom senso; mas sustentar que ou isto ou algo similar deva acontecer a nossas almas e a seus destinos, considerando que se concluiu que a alma é imortal: ora, isso parece-me conveniente e se pode correr

o risco de crê-lo, pois o risco é belo! E é preciso que, com essas crenças, nos encantemos a nós mesmos: e é por isso que, de uma parte, trago meu mito (114d).

Portanto, se queremos compreender Platão, é preciso conferir ao mito seu papel e seu valor; erram tanto aqueles que o querem eliminar, em favor do puro *logos*, quanto aqueles que o pretendem priorizar e supervalorizar, como se fosse sua superação (mitologia).

6. Caráter poliédrico e polivalente do filosofar platônico

Platão mostrou paulatinamente, ao longo dos séculos, faces diferentes; mas é propriamente nessa multiplicidade de faces que está o segredo do fascínio que ele exerceu em toda a história espiritual do Ocidente.

Isso começa, já a partir dos filósofos da Academia, com a leitura de Platão em chave metafísica e gnoseológica, concentrando na teoria das Ideias e no conhecimento das Ideias o fulcro do platonismo.

Em seguida, com o neoplatonismo, acreditou-se encontrar a mais autêntica mensagem platônica na temática religiosa, na ânsia pelo divino e, em geral, na dimensão mística, presente de modo maciço na maior parte dos diálogos.

Foram essas duas interpretações que, de diversos modos, prolongaram-se até os tempos modernos, até que, ao longo do século passado, surgiu uma terceira, original e sugestiva, que se concentrou na temática política, ou melhor, ético-política-educativa, a essência do platonismo: temática que foi quase totalmente

A paixão pela política

ignorada no passado, ou talvez não lhe tenha sido dado o devido valor. Mas Platão, na *Carta VII* (que apenas no século XX foi considerada autêntica), diz claramente que sua paixão primeira foi exatamente a política. E sua própria vida o confirma, sobretudo com as experiências sicilianas. Paradoxalmente, também o confirmam os títulos das obras-primas platônicas: da *República* às *Leis*.

Por fim, há algumas décadas recuperou-se a dimensão da "oralidade dialética" e o sentido daquelas "coisas últimas", que Platão quis que permanecessem "não escritas".

Caráter poliédrico de Platão

No entanto, cremos que o verdadeiro Platão não é identificável com nenhuma dessas perspectivas assumidas de modo isolado como unicamente válidas, mas que pode ser reencontrado antes em todas as direções conjuntamente, na dinâmica que lhe é própria. As três primeiras propostas de leitura, com efeito, iluminam, como dissemos, três faces efetivas da poliédrica e polivalente especulação platônica, três dimensões, três componentes ou três linhas de força, que emergem constantemente, acentuadas ou distanciadas de modo variável por diferentes escritos, se não por seu conjunto. A quarta, a da "oralidade dialética", explica a razão dessa polivalência e desse caráter poliédrico, deixando transparecer claramente os verdadeiros contornos do sistema platônico.

SÍNTESE DOS DIÁLOGOS
Apologia de Sócrates, Crátilo, Críton, Eutífron, Protágoras

Apologia de Sócrates

A *Apologia de Sócrates* (escrita em algum ano após 399 a.C.) é o único diálogo no qual o próprio Sócrates aparece no título. Em muitos dos outros diálogos, Sócrates é o protagonista, mas como máscara dramática, mediante a qual Platão expressa seu próprio pensamento, enquanto na *Apologia* apresenta a verdade histórica acerca do processo de defesa de Sócrates.

Os promotores do processo foram Ânito, Lícon e Meleto, proponente da denúncia. Sócrates era acusado de não crer nos deuses da cidade e de corromper a juventude.

No tribunal, Sócrates pronuncia três discursos. O primeiro, em defesa contra as acusações que lhe são dirigidas, seja pelos mais antigos inimigos, seja pelos novos (19a-34b). Na votação, 280 dos 500 juízes votaram contra Sócrates; 220 a seu favor. Conforme a lei ateniense, se 250 tivessem votado a seu favor, ele teria sido absolvido. A diferença, portanto, era de apenas 30 votos.

A lei ateniense permitia aos condenados pronunciar, após a condenação, um novo discurso para convencer os juízes a moderar a pena.

Entretanto, Sócrates sustenta não merecer uma pena, mas um prêmio por aquilo que havia feito pela cidade (35d-38b). Os resultados foram desastrosos: 360 votaram contra ele e apenas 140 a seu favor.

Nesse ponto, o condenado não teria mais nenhum direito de falar. Mas Sócrates, enquanto esperava ser levado ao cárcere, fez um discurso de despedida (38c-42a).

Os conceitos de fundo do pensamento de Sócrates são os seguintes: "A virtude não nasce das riquezas, mas da virtude mesma nascem todas as riquezas e todos os bens dos homens, sejam públicos, sejam privados"; "o bem maior para o homem é raciocinar diariamente acerca da virtude", discutir e submeter a si mesmo e aos outros a exame, enquanto "uma vida sem o exame não é digna de ser vivida".

Àqueles que o condenavam à morte, Sócrates, por fim, exprimia uma grande verdade: matando um homem, não se mata a ideia que ele criou, mas a reforça.

Crátilo

O *Crátilo* (escrito em torno a 385 a.C.) recentemente foi posto em primeiro plano, sobretudo por influência dos estudiosos da linguística. Na verdade, esse diálogo discute a função e o estatuto dos nomes para o conhecimento das coisas que eles designam, nos planos gnoseológico e metafísico.

1. A primeira tese discutida, de inspiração sofístico-protagórea, é sustentada por Hermógenes, segundo o qual as coisas têm seu nome não de sua natureza, mas das leis e dos costumes, sendo, portanto, pura "convenção" (384c-e).
2. A segunda tese discutida é sustentada pelo filósofo heraclítico Crátilo, segundo o qual os nomes correspondem propriamente à natureza das coisas, portanto, a ciência dos nomes é também a ciência das coisas (435d).
3. Sócrates procura encontrar uma mediação entre as duas teses opostas.

O importante exame das etimologias de vários nomes (392b-427c) constitui uma síntese do patrimônio dos conhecimentos na matéria a partir de Homero e Hesíodo, com contribuições dos poetas, de Heráclito, dos trágicos e dos sofistas. Tem uma grande importância histórico-cultural, mas limitada validade doutrinal. Além disso, essas análises são apresentadas em chave irônica, como vaticínios de um discípulo (396d-e); Sócrates diz que desconfia delas (428c-d) e lhes atribui um valor puramente funcional.

A verdade, segundo Platão, é esta: os nomes são convencionais, ainda que algumas vezes visem exprimir a natureza das coisas. É preciso conhecer as coisas em si mesmas e não por seus nomes (439b).

Contudo, o filósofo, que atinge a verdade por meio da dialética, sabe como julgá-los e usá-los de modo adequado.

Críton

O *Críton* é considerado por muitos como tendo sido escrito nos mesmos anos da *Apologia*, mas, conforme outros, data de muito mais tarde em razão da presença de algumas ideias que não aparecem nos primeiros, mas nos últimos escritos.

Platão narra que muitos discípulos, conduzidos por *Críton*, contemporâneo e grande amigo de Sócrates, haviam planejado sua fuga da prisão a fim de salvá-lo da pena de morte, pois ele havia sido condenado injustamente (44b-46 a). Sócrates recusa esse projeto de modo claro e explica as razões dessa recusa (46b-54d).

A grande ideia de fundo expressa no diálogo é a seguinte: "Não é preciso restituir a injustiça, e não é preciso fazer mal a nenhum homem, nem mesmo se alguém sofre algo por sua causa. [...] De nenhum modo é justo cometer injustiça, nem retribuir a injustiça, nem, recebendo um mal, vingar-se, pagando o mal com o mal" (49c-d). Sua fuga do cárcere seria uma injustiça contra o Estado.

Sócrates sustenta outra grande ideia verdadeiramente inovadora, que é aquela que justamente se pode chamar de tese da *revo-*

lução da não violência, segundo a qual a verdadeira *vitória* não consiste em impor com violência sua própria vontade, mas em *persuadir* e *convencer* os outros, e, em particular, a cidade que o condenou de modo injusto: "Não se deve desertar, nem retirar-se, nem abandonar seu posto, mas, na guerra, no tribunal ou em qualquer outro lugar, é preciso fazer aquilo que a pátria e a cidade ordenam, ou persuadi-la do que consiste a justiça; e, ao contrário, fazer uso da violência não é algo são, nem nos confrontos com a mãe, nem nos confrontos com o pai, tanto menos nos confrontos com a pátria" (51b-c).

Eutífron

O *Eutífron* é um diálogo da juventude de Platão que se desenvolve entre Sócrates e o personagem que dá nome ao diálogo, acerca do tema da *piedade*. Eutífron deveria responder às perguntas de Sócrates sobre esse tema de modo adequado, pois era um sacerdote. Na verdade, Eutífron revela-se de capacidade intelectual, além de moral, muito limitada, portanto, o diálogo não pode concluir-se senão de modo aporético. É o próprio leitor que deve tirar suas conclusões, enquanto Platão apresenta as premissas necessárias para resolver o problema de modo adequado.

As cinco definições da essência da piedade que Eutífron apresenta revelam-se todas inconsistentes e falaciosas. Em primeiro lugar, a piedade seria aquilo que o próprio Eutífron está fazendo, acusando o próprio pai, considerado por ele responsável pela morte casual de um servo (5d-6e). Em segundo lugar, a piedade é definida como aquilo que é caro aos deuses (6e-7b). Como terceira definição, a piedade é apresentada como aquilo que é caro a tudo que diz respeito a todos os deuses (9c-11b). Como quarta definição, por indicação de Sócrates, a piedade é apresentada como "parte do justo" (11e-14b). Eutífron não sabe, entretanto, tirar disso as devidas consequências, e define o caráter específico da piedade como capacidade de pedir e dar aos deuses, definição esta que retorna à segunda (14b-15c).

Em realidade, a piedade não é tal na medida em que é cara aos deuses, mas é cara aos deuses por si mesma, ou seja, na medida em que é piedade. A piedade, portanto, por sua própria natureza, "é amável em si mesma, e, portanto, amada" (11a). O verdadeiro Deus (não aquele da opinião comum dos gregos) ama a piedade, na medida em que a piedade é, por sua própria natureza, um bem.

Protágoras

O *Protágoras* é o último diálogo da juventude de Platão. É uma obra-prima, tanto do ponto de vista filosófico quanto literário, sendo uma comédia em chave dialética, escrita com uma ironia levada ao extremo.

O diálogo de Sócrates com Protágoras inicia-se com uma discussão que questiona "se a virtude pode ser ensinada". O sofista sustenta que a virtude é ensinada por todos, mas melhor por ele do que pelos outros, como mestre da virtude (316a-328d).

Sócrates, para superar as dúvidas sobre a possibilidade de se ensinar a virtude, formula o problema da *essência* e da *unidade* da virtude. O sofista não se mostra em condições de explicar sua tese, ou seja, em que sentido as várias virtudes são parte de um todo, mas diferentes entre si e em relação ao todo, e cai em contradição ao sustentar que um homem pode ser injusto, mas ter a virtude da coragem. Enfim, refugia-se na tese de que o bem é relativo e que não é compatível com as rígidas deduções socráticas (328d-334c).

Sócrates pretende ir embora, mas aceita continuar a discussão pela intervenção de Cálias, de Alcebíades, de Crítias, de Pródico e de Hípias (334c-338e).

Protágoras desloca a discussão para o plano da exegese dos poetas, interpretando um poema de Simônides. Sócrates responde a essa proposição de Protágoras com três interpretações do poema ainda mais tolas que a do sofista, logo, com um estupendo jogo de farsa (338e-347a).

Retorna-se, portanto, à discussão conceitual, e Sócrates mostra como a virtude é *una* e é *ciência*. Ainda que se aceitasse a tese comum de que o bem é o prazer, tudo dependeria não do próprio prazer, mas da "escolha que se faz dos verdadeiros prazeres". E tal escolha só poderia ser feita por meio de uma ciência cuja explicação é remetida a outra ocasião (357b).

As teses de fundo, portanto, são de que *a virtude é uma ciência* e que, enquanto tal, *pode ser ensinada*. No *Mênon*, Platão explica como essa ciência é possível pela anamnese.

APROFUNDAMENTO
Da oralidade à escrita

Platão como figura emblemática da grande mudança cultural do Ocidente

Eric Havelock, em uma obra póstuma[1], sustenta que Platão, pelo conjunto de seus escritos, marcou a passagem da cultura do passado para a do futuro não apenas do mundo grego em particular, mas do Ocidente em geral, e escreve: "O grande divisor de águas da história do pensamento teórico grego, seja pela consideração da natureza, ou do homem, coincide não com o período da atividade socrática, [...] mas com a primeira metade do século IV a.C., quando um homem originário de Atenas, combinando a arte literária nascida em sua cidade — isto é, a arte dramática — com o empreendimento intelectualmente iniciado na Jônia e retomada por Sócrates, introduz no mundo grego — bem como naquele de seus herdeiros culturais — um consistente *corpus* de escritos destinados a leitores, o primeiro de seu gênero na história de nossa espécie".

---

1. *Alle origini della filosofia greca* [*Nas origens da filosofia grega*]. Roma-Bari, Laterza, 1996, p. 20.

Portanto, daquele *corpus* de escritos formou-se e consolidou-se — de modo direto ou indireto — grande parte do pensamento do Ocidente. E ainda hoje a influência de Platão tem um peso significativo: continua sendo o filósofo mais lido de todos os tempos no Ocidente e seus livros continuam a ser *best-sellers*.

Como se explica, então, o fato de que ele mesmo tenha criticado a escrita e tenha dito que o filósofo não escreve "as coisas de maior valor", e que sobre tais coisas jamais haveria um escrito seu?

Platão é, em verdade, como uma extraordinária herma brifronte: simultaneamente defendeu e criticou a escrita, como veremos.

A defesa da escrita e as três regras do escrever de modo correto

Platão demonstrou que a verdadeira arte de escrever pode fundar-se somente sobre a "arte dialética" e, portanto, sobre a filosofia, que se baseia no método *dialético*; por isso, somente pode ser verdadeiro escritor quem for *filósofo*.

1. Em primeiro lugar, quem escreve deve conhecer muito bem aquilo sobre o que pretende falar; deve apreender sua essência, ou seja, conhecer sua ideia, e saber defini-la de modo adequado.
2. Deve conhecer a natureza da alma das pessoas às quais se dirige em suas várias formas, pois as almas dos homens são muito diversas entre si e têm diferentes capacidades de receber as mensagens que lhe são comunicadas.
3. Deve construir seus discursos em função das capacidades de serem recebidos por aqueles tipos específicos de almas às quais pretende dirigir-se.

Esses são conceitos que lançam a base da arte da comunicação no mais alto grau na cultura ocidental e que são válidos para todos os tempos. Platão aplica em seus escritos exatamente tais regras e, em particular, põe em ato aquilo que é estabelecido pela terceira regra. Em cada diálogo apresenta uma discussão acerca da coisa em questão, não de modo abstrato, mas em concreto, ou seja, conforme a dimensão imposta pelas capacidades da alma do interlocutor, e, portanto, em justa proporção com as características e com as capacidades da alma de tal interlocutor, seja do ponto de vista quantitativo, seja qualitativo. E justamente por isso os diálogos platônicos têm, em sua maior parte, como título não o nome do protagonista, mas do deuteragonista (do personagem ao qual são dirigidas as mensagens e com base em suas capacidades de recebê-las).

O dialético foi caracterizado por Platão como aquele que está "em condições de apreender o momento certo de falar e de calar". E em poucos casos o "calar" assumido por Sócrates em alguns diálogos deve-se a esta regra: conforme o tipo de personagem com quem fala, Sócrates — justamente porque é um verdadeiro dialético — deve calar-se, pois a alma daquele personagem com quem fala no momento não está em condições de receber os desenvolvimentos do problema e suas soluções. E exatamente por esse motivo não poucos diálogos (sobretudo os de juventude) terminam de maneira aporética.

Por que, embora defendendo a escrita, Platão estabelece a oralidade dialética acima da escrita

O filósofo, como verdadeiro dialético, é o melhor escritor. Mas propriamente como filósofo vai além da escrita. Se alguém escreve tudo aquilo que conhece, é um poeta, um legislador ou um logógrafo (um escritor de discursos). O filósofo é filósofo na medida em que possui as "coisas de maior valor" com relação àquelas que pôs por escrito.

A escrita é como um jogo muito belo, muito mais belo que qualquer outro jogo, mas ainda mais belo é o "esforço" e a "seriedade" de quem tem o conhecimento verdadeiro e não escreve nas linhas de um papel, mas na alma dos homens capazes de receber suas mensagens e defendê-las.

Platão considerou seus diálogos escritos um jogo sublime e julgou mais sério aquilo que fez em sua escola, escrevendo nas almas de homens escolhidos as coisas que para ele eram de maior valor.

Essa era uma ideia tipicamente socrática. Também Antístenes, um dos seguidores de Sócrates, nos diz que a um amigo que se lamentava para ele de ter perdido anotações escritas acerca de algumas coisas que o interessavam de modo particular teria respondido o seguinte: "Deverias ter escrito tais coisas não no papel, mas na alma".

Os problemas de fundo suscitados pelas doutrinas não escritas (ágrapha dógmata)

Pode-se dizer que, atualmente, não há nenhum estudioso de bom senso que negue a existência das doutrinas não escritas, ou seja, daquelas doutrinas que Platão expunha em suas lições na Academia (que se intitulavam *Sobre o Bem*), mas que não as escrevia. O autotestemunho do próprio Platão (no final do *Fedro* e na *Carta VII*) e os testemunhos dos discípulos (a começar pelo de Aristóteles) sobre a teoria dos "Princípios primeiros e supremos", além das Ideias, são inquestionáveis.

Alguns consideram que Platão amadureceu essas teorias na última parte de sua vida e que se sentem seus efeitos nos diálogos posteriores à *República*. Outros, ao contrário, pensam que ressonâncias precisas dessas doutrinas encontram-se claramente a partir dos diálogos centrais (como o *Banquete* e o *Fédon* e, mais fortemente, na *República*).

As razões pelas quais Platão negava a oportunidade de escrever sobre tais coisas são as descritas a seguir.

Em primeiro lugar, o conhecimento de tais coisas não pode ser comunicado e apreendido tal como o conhecimento das outras, na medida em que — como já dissemos acima — requer uma estreita comunhão entre quem ensina e quem aprende, a fim de que nasça na própria alma de quem aprende a luz que ilumina a verdade.

Tais conhecimentos, contudo, não são incomunicáveis em si, ou seja, "inefáveis", mas somente *não comunicáveis tais como os outros conhecimentos*, na medida em que requerem dotes especiais e longo trabalho da parte de quem os queira aprender, preparação matemática e dialética.

Platão diz ainda que tais doutrinas poderiam ser postas por escrito "do melhor modo" por ele mesmo. Mas dizia que quem as compreende não tem necessidade de as ler, enquanto as têm escritas na alma e não as esquecem, e que todos aqueles que não as receberam e compreenderam do modo adequado não o poderiam compreender.

Platão sustenta, além disso, a tese do caráter inoportuno da comunicação de tais doutrinas por escrito a muitos. Com efeito, a multidão não as compreenderia e as desprezaria, ou mesmo se encheria de presunção, convencida de ter aprendido grandes coisas, que, na verdade, não seriam compreendidas pelos de fora da Academia:

> Isto sei: que se devessem ser postas por escrito ou ser ditas, o faria do melhor modo possível, e que se fossem mal escritas, não me perturbaria. Se, ao contrário, cresse que devessem ser escritas e se pudessem comunicar de modo adequado a muitos, o que poderia ter feito de mais belo em minha vida senão escrever uma doutrina enormemente proveitosa aos homens e trazer à luz para todos a natureza das coisas? Mas não creio que uma abordagem e uma comunicação sobre tais argumentos seja um benefício para os homens, senão para uns poucos que por si são capazes de encontrar o verdadeiro com poucas indicações dadas a eles, enquanto outros se preencheriam, alguns, de um injusto desprezo, em nada conveniente, outros, ao contrário, de uma soberba e vazia presunção, convictos de ter aprendido coisas magníficas (*Carta VII*, 341d-342a).

Naturalmente, é possível perguntar como nunca Platão considerou inútil também fornecer um escrito sobre tais coisas para ser usado como "instrumento hipomnemático", ou seja, para suscitar a memória de quem havia compreendido bem e aprendido no âmbito da oralidade dialética.

Contudo, o próprio Platão fornece a tal pergunta uma resposta precisa:

> Não há perigo de que alguém se esqueça de tais coisas, uma vez que foram bem compreendidas na alma, *dado que se resumem em pouquíssimas palavras* (*Carta VII*, 344d-e).

E tais doutrinas sobre os princípios supremos do "Uno como Medida suprema de todas as coisas" e da "Díade indefinida do grande e do pequeno" — que são os princípios do Bem e do Mal —, dos quais falamos acima, são aquelas que para Platão eram as "coisas de maior valor", que recusou escrever, a fim de escrevê-las na alma dos alunos no interior da Academia.

Capítulo II
A TEORIA DAS IDEIAS E DOS PRIMEIROS PRINCÍPIOS

1. A descoberta da metafísica

Existe um ponto fundamental da filosofia platônica do qual depende toda a compreensão de uma nova colocação de todos os problemas da filosofia e do novo clima espiritual, que é um pano de fundo de tais problemas e de suas soluções. Esse ponto consiste na descoberta da existência de uma realidade suprassensível, ou seja, de uma dimensão suprafísica do ser, de um gênero de ser não físico, que a anterior filosofia da *physis* não havia abordado. Todos os naturalistas, com efeito, tentaram explicar os fenômenos recorrendo a causas de caráter físico e mecânico: água, ar, terra, fogo, quente, frio, condensação, rarefação etc.

O significado metafísico da "segunda navegação"

Diz Platão que o próprio Anaxágoras, embora tenha enxergado a necessidade de introduzir uma inteligência universal para tentar explicar as coisas, não soube usar essa sua intuição, por isso continuou a dar um peso preponderante às causas físicas tradicionais.

Entretanto — e este é o cerne do problema — as causas de caráter físico e mecânico são as "verdadeiras causas", ou são, ao contrário, simples "con-causas", ou seja, simples causas a serviço de outras mais elevadas? A causa daquilo que é físico e mecânico não seria talvez algo que não seja físico nem mecânico?

<small>A segunda navegação (*deuteros plous*)</small>

Para responder a essa questão, Platão empreende aquela que ele próprio denomina como a imagem emblemática da "segunda navegação" (*deuteros plous*). Na antiga linguagem náutica, a segunda navegação era empreendida quando não havia mais vento e não mais funcionavam as velas; assim, usavam-se os remos. Na imagem platônica, a primeira navegação simboliza o percurso da filosofia seguindo o vento da filosofia naturalista; a "segunda navegação" representa, por sua vez, a abordagem pessoal de Platão, a navegação feita com as próprias forças e, por isso, muito mais fatigante. A primeira navegação mostrou-se substancialmente insuficiente, porque os filósofos présocráticos não conseguiram explicar o sensível por meio dos próprios sensíveis; a segunda navegação, por outro lado, visa encontrar uma nova rota que leva à descoberta do suprassensível, ou seja, do ser inteligível. Na primeira navegação ainda se está ligado aos sentidos e aos seres sensíveis; na segunda navegação, Platão tenta, ao contrário, uma radical separação dos sentidos e dos seres sensíveis e um maciço deslocamento para o plano do raciocínio puro e daquilo que se pode apreender com o puro intelecto e apenas mentalmente. Lê-se no *Fédon*:

<small>Puro intelecto e puramente mental</small>

> Tive medo de que minha alma ficasse cega, olhando as coisas apenas com os olhos e buscando apreender

as coisas com os outros sentidos. Por isso considerei dever refugiar-me nos raciocínios [*logoi*] e neles considerar a verdade das coisas [...]. Na medida em que tomei essa direção e cada vez mais tomando por base aquele raciocínio que me parece mais sólido, julgo verdadeiro aquilo que está de acordo com ele, seja com relação às causas, seja com relação a outras coisas, e julgo não verdadeiro aquilo que com ele não se conforma (99d-100a).

O sentido dessa "segunda navegação" resulta particularmente claro com os exemplos que o próprio Platão fornece.

<small>Dois exemplos esclarecedores adotados por Platão</small>

Queremos explicar por que uma coisa é bela? Ora, para explicar tal "porquê" o naturalista remeteria aos elementos puramente físicos, que são a cor, a figura e outros do gênero. Mas — diz Platão — essas não são as "verdadeiras causas", mas meios, ou con-causas. É preciso, portanto, postular a existência de uma causa posterior, que deverá ser, pelo fato de ser verdadeira causa, algo não sensível, mas inteligível. Essa causa é a ideia ou a "forma" pura do belo em si, que, com sua participação, presença ou comunhão, ou ainda, com uma certa forma determinante de relação, faz com que as coisas empíricas sejam belas, isto é, se realizem mediante forma, cor e proporção, como é adequado que sejam e do modo como devam ser para serem belas.

<small>O primeiro exemplo</small>

Um segundo exemplo, não menos eloquente.

Sócrates encontra-se no cárcere e espera ser condenado. Por que está preso? A explicação naturalista e mecânica não está em condições de dizer senão isto: porque Sócrates tem um corpo que é feito de ossos,

<small>O segundo exemplo</small>

nervos, músculos e ligamentos, que são capazes, ao se tensionarem, de mover e direcionar os membros: por esse motivo Sócrates teria movido e dobrado as pernas, teria ido até a prisão e agora ali se encontraria. Ora, todos veem a inadequação dessa explicação: ela não atingiu de fato o verdadeiro "porquê", a razão pela qual Sócrates está preso, mas explica apenas um meio ou um instrumento pelo qual Sócrates moveu-se e está na prisão com seu corpo. A verdadeira causa pela qual Sócrates foi para a prisão não é de ordem mecânica e material, mas de ordem superior, é um valor espiritual e moral: ele decidiu aceitar o veredito dos juízes e se submeter às leis de Atenas, julgando que isso fosse bom e conveniente. Em consequência, por causa dessa escolha de caráter moral e espiritual, ele em seguida moveu seus músculos e suas pernas, tendo chegado e permanecido no cárcere.

Os exemplos poderiam se multiplicar. Platão diz explicitamente de tal maneira que aquilo que ele disse vale "para todas as coisas". Isso significa que qualquer coisa física existente tem uma causa superior e última, que não é de caráter físico, mas, como se dirá com um termo elaborado posteriormente, de caráter metafísico.

Os dois planos do ser

A "segunda navegação" conduz, portanto, ao reconhecimento da existência de dois planos do ser: um plano fenomênico invisível, outro invisível, metafenomênico, apreensível apenas pela mente e, portanto, puramente inteligível. Eis a passagem na qual Platão afirma isso de modo mais claro:

— E não é, talvez, verdadeiro que, quanto a essas coisas mutáveis, que podes ver e tocar ou perceber com os outros sentidos corpóreos, e aquelas, ao contrário, que permanecem sempre idênticas, não há outro meio com o qual possam ser apreendidas senão como puro raciocínio e com a mente, pois essas coisas são invisíveis e não podem ser apreendidas pela visão?

— É verdadeiro — responde — aquilo que dizes.

— Estabeleçamos, portanto, se quiseres, que são sobrepostas duas espécies de seres: uma visível e outra invisível.

— Estabeleçamos — disse.

— E que o invisível permanece sempre do mesmo modo e que o visível nunca permanece do mesmo modo.

— Estabeleçamos também isso — disse (*Fédon* 78d-79a).

É possível, portanto, afirmar que a segunda navegação platônica constitui uma conquista que marca simultaneamente a fundação e a etapa mais importante da história da metafísica. Com efeito, todo o pensamento ocidental será condicionado de modo decisivo por essa "distinção", na medida em que a aceitar mais ou menos: de fato, nesse último caso, deverá justificar de forma polêmica sua não aceitação e permanecerá, entretanto, dialeticamente sempre condicionado por essa polêmica.

É somente após a "segunda navegação" platônica que se pode falar em "material" e "imaterial", "sensível" e "suprassensível", "empírico" e "metaempírico", "físico" e "suprafísico". É à luz dessas categorias que os físicos anteriores são denominados materialistas, e a natureza e o cosmo não constituem mais a totalidade das coisas que são, mas apenas a totalidade das coisas que aparecem. O verdadeiro ser consiste na realidade inteligível.

2. Os três grandes pontos focais da filosofia de Platão: a teoria das Ideias, dos Princípios e do Demiurgo

A passagem central do *Fédon* que acabamos de examinar apresenta o projeto que abrange todo o quadro da metafísica platônica, evidenciando seus três pontos focais: (1) a teoria das Ideias, (2) a teoria dos Princípios primeiros, (3) a doutrina do Demiurgo (da inteligência divina). Platão adverte explicitamente os seus leitores da dificuldade que comporta a compreensão desses três pontos.

A teoria das Ideias

Sobre a teoria das Ideias, Platão escreveu que a maioria das pessoas teria dificuldades para compreendê-la, por isso sustentam que as ideias não existem, ou mesmo que, se existem, são incompreensíveis à natureza humana. De fato, deve ser de natureza excepcional aquele que é capaz de compreendê-la e comunicá-la aos outros. Eis as palavras que Platão pôs na boca de Parmênides no diálogo homônimo, como protagonista do diálogo ou mínimo homônimo:

Parmênides

— E deveria ser um homem de natureza verdadeiramente excelente aquele que estivesse em condições de compreender que há de cada coisa um gênero e uma essência em si e por si, mas deveria ser um homem ainda mais admirável aquele que fosse capaz de ensinar a outro todas essas coisas, após ter feito o exame de modo adequado.
— Estou de acordo contigo, Parmênides — disse Sócrates —, com efeito, falas corretamente, conforme posso compreender (134e-135d).

Da teoria dos Princípios já sabemos o que pensava Platão: somente alguns a compreendem, e esses poucos a compreendem sobretudo na dimensão da oralidade dialética. O escrito, para esses poucos que a compreendem, seria inútil, e, para a maioria dos homens, seria danoso, por causa das incompreensões e dos equívocos a que essa teoria dá lugar. Portanto, escreve Platão: "Acerca dessas coisas não há um escrito meu e nunca haverá".

A teoria dos Primeiros Princípios

Sobre a concepção do Demiurgo, Platão manifestou convicções análogas àquelas expressas em relação à teoria das Ideias: "Mas o artesão e o pai deste universo é muito difícil de encontrar e é impossível falar sobre ele a todos".

A teoria do Demiurgo

Tal impossibilidade de falar a seu respeito a todos depende do fato de que, com o problema do Demiurgo, adentre-se à questão da crença ou da não crença na existência de um Deus sobre o qual desde sempre o ser humano debateu. Sempre houve (e provavelmente sempre haverá) o "homem terrível" (o cientista), que nega a inteligência divina ordenadora do universo; e, por isso, é necessário que aquele que nele crer não se limite a repetir as convicções dos predecessores favoráveis à existência de uma inteligência divina, mas enfrente com eles o risco das oposições e das críticas. Estas são as conclusões a que Platão chega no *Filebo*:

> SÓCRATES — Vós, portanto, que não concordais com os nossos predecessores que dizem que as coisas foram assim, e que não apenas estais convencidos de que não se deve repetir sem risco as afirmações dos outros, mas que também nós corremos com eles os

Filebo

> riscos e participamos com eles da crítica, na medida em que um homem portentoso afirme que essas coisas não foram assim, mas são sem ordem?
>
> PROTARCO — E como poderei não querê-lo? (28d-29a).

Em nossa exposição do pensamento platônico seguiremos, portanto, esta ordem: (1) falaremos, primeiro, da teoria das Ideias, (2) ilustraremos, em seguida, a doutrina dos Princípios e, (3) enfim, trataremos do Demiurgo, que pressupõe ambas.

3. Hiperurânio ou o mundo das Ideias

As Ideias Essas causas de natureza não física, essas realidades inteligíveis, foram denominadas por Platão sobretudo com os termos *idéa* e *éidos*, que indicam a "forma". As Ideias das quais falava Platão não são, portanto, simples conceitos, ou seja, representações puramente mentais (somente muito mais tarde os termos assumiram esse significado), mas são "entidades", "substâncias". As Ideias, em suma, não representam simples pensamentos, mas são aquilo que o pensamento pensa quando está liberado do sensível, são o "verdadeiro ser", "o ser por excelência". Em resumo, as Ideias platônicas são as essências das coisas, ou seja, aquilo que faz que cada uma seja aquilo que é.

O que são Ideias? Platão também usou o termo "paradigma" (*parádeigma*) para indicar que as Ideias constituem algo como o modelo permanente de cada coisa (como *deve* ser cada coisa).

As características basilares das Ideias, conforme os textos, podem ser resumidas nos seis pontos seguintes, que constituem pontos de referência imprescindíveis para se compreender Platão:

- a inteligibilidade (a Ideia é, por excelência, objeto do intelecto e apreensível apenas pelo intelecto);
- a incorporeidade (a Ideia pertence a uma dimensão totalmente diversa do mundo corpóreo sensível);
- o ser em sentido pleno (as Ideias são o ser que verdadeiramente é);
- a imutabilidade (as Ideias são separadas de qualquer forma de mudança, bem como do nascer e do perecer);
- a perseidade (as Ideias são em si e por si, ou seja, absolutamente objetivas);
- a unidade (as Ideias são, cada qual, uma unidade, unificante da multiplicidade das coisas que delas participam).

As expressões mais famosas com as quais Platão indicou as Ideias são indubitavelmente "em si", "por si", e também "em si e por si" (o belo em si, o bem em si etc.), com frequência subentendidas, tendo se tornado objeto de ásperas polêmicas já desde o momento em que Platão as forjou. Essas expressões, na realidade, indicam o caráter de não relatividade e estabilidade: em uma palavra, exprimem um caráter absoluto. Afirmar que as Ideias são "em si e por si" significa dizer, por exemplo, que o Belo ou o Verdadeiro não são de tal maneira apenas relativos ao sujeito singular (tal como pretendia, por exemplo, Protágoras). Não são manipuláveis conforme o capricho do singular, mas, ao contrário, impõem-se ao sujeito de modo absoluto. Afirmar que as Ideias são "em si e

> As Ideias são "em si" e "para si"

por si" significa dizer que elas não são devoradas no vórtice do devir, no qual se encontram as coisas sensíveis: as coisas belas sensíveis tornam-se feias, mas isso não implica que se torne feia a causa do Belo, ou seja, a Ideia do Belo. Em suma, as causas verdadeiras de todas as coisas sensíveis que, por sua natureza, mudam não podem elas próprias mudarem, pois, de outra forma, não seriam as verdadeiras causas, não seriam as razões últimas e supremas.

Fedro

Para explicar a transcendência metafísica das Ideias é preciso recorrer ao mito do Hiperurânio, que ocorre no *Fedro*, tendo se tornado célebre, ainda que nem sempre tomado de modo correto. Escreve Platão:

> O lugar supraceleste [hiperurânio — *hyperouránios*] jamais foi cantado por nenhum dos poetas, nem nunca será cantado de modo digno. Ocorre da seguinte maneira: com efeito, é necessário ter realmente a coragem de se dizer o verdadeiro, especialmente ao se falar da verdade. O ser que realmente é, sem cor, privado de figura e não visível, que pode ser contemplado apenas pelo piloto da alma, ou seja, pelo intelecto, em torno do qual gira o gênero do conhecimento verdadeiro, ocupa tal lugar. E na medida em que a razão de um Deus é nutrida de inteligência pelo puro conhecimento, também aquela de cada alma que visa conhecer aquilo que lhe convém vendo depois de um certo tempo o ser, alegra-se contemplando a verdade, dela se nutre e goza até que a rotação circular não a tenha levado ao mesmo ponto. No giro que ela realiza vê a própria Justiça, vê a Sabedoria, vê a Ciência, não aquela que está unida ao devir, nem aquela que é diversa, pois fundada na diversidade das coisas que chamamos seres [= seres fenomênicos], mas aquela

que é ciência daquilo que é verdadeiramente ser. E depois que contemplou todos os outros seres que verdadeiramente são e se saciou, novamente penetra no interior do céu e volta para casa (247c-e).

Hiperurânio significa "lugar além do céu" ou "acima do cosmo físico", sendo, portanto, representação mítica e imagem que, se compreendida corretamente, indica um lugar que não é de fato um lugar. Com efeito, as Ideias são logo descritas como se tivessem características que não têm qualquer relação com o lugar físico: não têm figura, são privadas de cor, invisíveis, e somente são apreensíveis por nós por meio da inteligência. Portanto, o Hiperurânio é a imagem do a-espacial mundo inteligível (do gênero do ser suprafísico); e Platão sublinha com cuidado que esse Hiperurânio e as Ideias que nele estão "são apreendidos apenas pela parte mais elevada da alma, isto é, pela inteligência e apenas pela inteligência". Em suma, o Hiperurânio é a meta que leva à "segunda navegação".

O Hiperurânio é um não lugar

Resta esclarecer a complexa questão da relação que ocorre entre o mundo das Ideias e o mundo sensível.

A interpretação das relações entre o mundo das Ideias e o mundo sensível foi subentendida já por parte de alguns contemporâneos e mesmo por alguns discípulos de Platão, sobretudo, por Aristóteles. Com efeito, em seus escritos, Platão apresenta diferentes perspectivas a seu respeito afirmando que entre sensível e inteligível há uma relação mimética (*mímesis*) ou de imitação; ou ainda de metexe (*méthexis*), ou participação; de *koinonía* ou comunhão; ou ainda de *parousía* ou presença.

A relação entre o mundo das Ideias e o mundo sensível

Platão, no *Fédon* (ver a síntese nas p. 67-68), disse explicitamente que esses termos deveriam ser com-

Fédon

preendidos como simples propostas acerca das quais não queria insistir nesse escrito e sobre as quais não queria dar a consistência de uma resposta última.

- O sensível é *mímesis* do inteligível porque o imita, ainda que sem jamais conseguir igualá-lo (em seu devir contínuo aproxima-se, crescendo, do modelo ideal e depois dele se distancia, corrompendo-o).
- O sensível, na medida em que realiza a própria essência, "participa", isto é, "tem parte da inteligência" (é exatamente por esse seu *ter parte na Ideia* que é, e é cognoscível).
- Pode-se dizer que o sensível tem uma comunhão, isto é, uma tangência com o inteligível, já que este é causa e fundamento daquele; aquilo que o sensível tem de ser e de cognoscibilidade é depreendido do inteligível na medida em que esse ser e essa inteligibilidade têm comunhão com o inteligível.
- Por fim, é possível também dizer que o inteligível está presente no sensível na medida em que a causa está presente no causado, o princípio está no principiado, a condição no condicionado. De tal modo, torna-se claro também o célebre termo "paradigma", ou "modelo", com o qual Platão designa o estatuto das Ideias nos confrontos dos sensíveis que as imitam e delas são, em certo sentido, uma "cópia". Com o termo "paradigma", ele exprime aquela que, em linguagem moderna, se poderia chamar "função normativa ontológica" da Ideia, isto é, *como as coisas devem ser* para serem as coisas determinadas que são. A Ideia de piedade é "paradigma" porque exprime como as coisas ou as ações *devem* ser feitas para serem chamadas de piedosas; a Ideia de beleza é "paradigma" porque exprime como as coisas *devem*

As Ideias como paradigmas

ser formalmente estruturadas para serem e virem a ser chamadas de belas, e assim por diante.

Concluindo, com a teoria das Ideias, Platão pretendeu dizer o seguinte: o sensível apenas pode ser explicado recorrendo-se à dimensão do suprassensível, o relativo em relação ao absoluto, o móvel em relação ao imóvel, o corruptível em relação ao eterno.

4. A estrutura do mundo ideal

O mundo das Ideias é constituído por uma multiplicidade, na medida em que contém as Ideias de todas as coisas: Ideias de valores estéticos, de valores morais, das várias realidades corpóreas, dos entes geométricos e matemáticos etc. Tais Ideias são ingênitas, incorruptíveis, imutáveis, assim como o ser eleático.

Superação do Eleatismo

Ora, a dimensão dos dois planos do ser, sensível e inteligível, superava definitivamente a antítese entre Heráclito e Parmênides. O perene fluir, com todas as suas características, é próprio do ser sensível; ao contrário, é próprio do ser inteligível a imutabilidade e tudo aquilo que ela implica. Mas ainda restava ser resolvidas as duas grandes questões que o eleatismo havia posto e que os pluralistas não souberam resolver: como podem existir as coisas múltiplas (*ta pollá*) e como pode existir um não ser (*mè ón*). São duas questões estreitamente conectadas, pois, como vimos, têm o mesmo fundamento. Para poder formular a própria concepção das Ideias que implicam uma multiplicidade estrutural, Platão deveria resolver ambos os problemas de maneira clara, operando

O parricídio de Parmênides

nos confrontos com Parmênides aquilo que ele próprio definiu como um parricídio.

Parmênides: o uno implica o múltiplo

Já no diálogo que tem emblematicamente o título de *Parmênides* (ver a síntese nas p. 68-69), que é talvez o mais difícil de todos os diálogos, Platão havia posto em crise a concepção de unidade tal como era compreendida pelos eleatas. O Uno (ou unidade — *hen*) não pode ser pensado de maneira absoluta, ou seja, de maneira tal a excluir qualquer multiplicidade: não há uno sem os múltiplos, assim como os múltiplos nada são sem o uno.

Sofista: o não-ser como diferença

Contudo, a solução da possibilidade da existência da multiplicidade é fornecida por Platão no diálogo *Sofista* (ver a síntese nas p. 69-70), pela boca de um personagem que não tem um rosto e que se autodenomina emblematicamente de "o estrangeiro de Eleia". Parmênides tinha razão quando afirmou que não existe o não-ser tomado como negação absoluta do ser, mas enganou-se ao crer que essa seja a única forma de não-ser. Existe o não-ser como "diversidade" ou "alteridade", coisa que os eleatas não haviam compreendido. Para que cada Ideia seja a Ideia que é, deve ser diversa de todas as outras, ou seja, deve "não ser" todas as outras. E, assim, cada Ideia tem uma determinada dose de ser, mas infinito não-ser, no sentido em que, propriamente por ser aquilo que é, deve não ser todas as outras coisas. Enfim, Parmênides é superado também pela admissão de um "repouso" e de um "movimento" ideais no mundo inteligível: cada Ideia é ela própria de modo imóvel; mas, dinamicamente, é um "movimento" ideal em direção às outras, enquanto participa de outras, ou, ainda, exclui a participação das outras. De tudo o que até aqui foi dito resulta evidente que Platão podia conceber seu mundo das Ideias como um sistema hierarquicamente organizado e ordenado, no qual as Ideias inferiores implicam aquelas superiores, até a Ideia que está no vértice da hierarquia, que é condição de todas e não é condicionada por nenhuma (o incondicionado ou o absoluto).

Esse princípio incondicionado do qual Platão fala, na *República*, é a Ideia do Bem. O Bem não apenas é o fundamento que torna as Ideias cognoscíveis e a mente cognoscente, mas que ainda "produz o ser e a substância", e "o Bem não é substância ou essência, mas está além da substância, sendo a ela superior em dignidade hierárquica e potência". *República*

Acerca desse princípio incondicionado e absoluto, que está além do ser e do qual derivam todas as Ideias, Platão nada escreveu nos diálogos, tendo reservado aquilo que tinha a dizer a seu respeito à dimensão da "oralidade", ou seja, às suas aulas.

5. A doutrina dos Princípios Primeiros e Supremos: o Uno (Bem) e a Díade indefinida

No passado se considerou que as lições orais de Platão constituiriam a fase final do pensamento platônico; por sua vez, os estudos mais recentes e aprofundados demonstraram que essas lições foram desenvolvidas paralelamente à composição dos diálogos, ao menos a partir da época de composição do *Banquete* e do *Fédon*, sendo centrais na *República*.

Das anotações dos discípulos em torno dessas lições, pode-se recuperar o seguinte: o Princípio Su- Uno-Bem premo, que na *República* é chamado de "Bem" (*Agathón*), nas doutrinas não escritas era chamado de "Uno" (*Hen*). A diferença, contudo, é perfeitamente explicável, porque, como logo veremos, o Uno sintetiza em si o Bem, na medida em que tudo aquilo que o Uno produz é bem (o Bem é um aspecto funcional do Uno, como de modo acurado destacaram alguns intérpretes). Ao Uno era contraposto um segundo princípio, igualmente originário, mas de estatuto inferior, entendido como princípio indeterminado e ilimitado e como princípio da multiplicidade. Era denominado Díade (*Duás*) ou Dualidade do grande-e-pequeno, enquanto princípio que contém simultaneamente a infinita grandeza e a infinita pequenez, e, portanto, dito também Dualidade indefinida (indeterminada ou ilimitada).

<small>A Díade ou dualidade indefinida</small>

Da cooperação desses dois princípios originários surge a totalidade das Ideias. O Uno age sobre a multiplicidade ilimitada como princípio limitante e determinante, ou seja, como princípio formal (princípio que confere forma enquanto determina e delimita), enquanto o princípio da multiplicidade ilimitada opera como substrato (como matéria inteligível, para se empregar a terminologia posterior). O Uno, de outro lado, enquanto delimita, manifesta-se como Bem, pois a delimitação do ilimitado, que se configura como uma forma de unidade na multiplicidade, é "essência", "ordem", perfeição, valor.

<small>A totalidade das Ideias</small>

Eis as consequências daí derivadas:

<small>Características do Uno</small>

– o Uno é princípio do ser (porque, como vimos, o ser, ou seja, a essência, a substância, a Ideia, nasce da delimitação do ilimitado);

- é princípio de verdade e de cognoscibilidade, pois somente aquilo que é determinado é inteligível e cognoscível;
- é princípio de valor, pois a delimitação implica, como se viu, ordem e perfeição, ou seja, positividade.

Enfim, por aquilo que é possível concluir procedendo de uma série de indícios, Platão definiu a unidade como "medida" (*métron*) e, mais precisamente, como "medida exatíssima".

Essa teoria, que é atestada sobretudo por Aristóteles e por seus comentadores antigos, resulta, contudo, confirmada amplamente pelo diálogo *Filebo* (ver a síntese nas p. 70-71) e revela uma clara inspiração pitagórica. Traduz em termos metafísicos aquela que pode ser considerada a característica mais peculiar do espírito grego, que em todos os seus vários aspectos manifestou-se como uma limitação do ilimitado, como encontrar a ordem e a justa medida. Dois elementos essenciais restam ainda ser esclarecidos a fim de se compreender a estrutura do mundo das Ideias de Platão.

Filebo

A "geração" das Ideias pelos princípios (Uno e Díade) "não deve ser entendida como um processo de caráter temporal, mas como uma metáfora para ilustrar uma análise de estrutura ontológica; ela tem a finalidade de tornar compreensível ao conhecimento, que se desenvolve de modo discursivo, o ordenamento do ser que não é processual e temporal" (H. Krämer). Como consequência, quando se diz que são geradas "antes" determinadas Ideias e "depois" outras, isso significa estabelecer não uma sucessão cronológica, mas uma graduação hierárquica, ou seja, "anterioridade" e "posterioridade" ontológica. Nesse sentido, logo após os princípios seguem-se as Ideias mais gerais, como,

A geração das Ideias

Sofista

por exemplo, as cinco Ideias supremas das quais fala o *Sofista* (Ser, Repouso, Movimento, Identidade, Diferença) e outras como essas (por exemplo, Igualdade, Desigualdade, Semelhança, Dessemelhança etc.).

Os Números Ideais
Talvez Platão tenha posto no mesmo plano os assim chamados Números Ideais ou as Ideias-Número, que são arquétipos ideais que não podem ser confundidos com os números matemáticos. Essas Ideias são hierarquicamente superiores às demais, pois estas participam daquelas (portanto, as implicam) e não vice-versa (por exemplo, a Ideia de homem implica identidade e igualdade em relação a si mesma, diferença e desigualdade em relação às outras Ideias; mas nenhuma das Ideias supremas mencionadas implica a Ideia de homem). A relação das Ideias-Número com as outras Ideias deveria ser análoga: Platão deve ter considerado algumas Ideias monádicas, outras, diádicas, outras, triádicas, e assim por diante, porque vinculáveis ao um, ao dois, ao três etc., ou pela sua configuração interna, ou pelo tipo de relação que mantém com as outras Ideias. Mas, sobre esse ponto, temos poucas informações.

É certo, todavia, que os Números Ideais não coincidem com os reais, sendo únicos, não repetíveis, logo, não sujeitos a operações aritméticas. Essa virada em direção à matemática indicaria uma recuperação das doutrinas orais do pitagorismo. Pode-se suscitar a hipótese, portanto, de que o cosmo apareça para Platão sempre como uma ordem cujos modelos essenciais sejam reconduzidos aos números antes mesmo de serem reconduzidos às Ideias.

Os entes matemáticos
Recordemos, enfim, que, para Platão, no grau mais baixo da hierarquia do mundo inteligível estão os entes matemáticos.

Esses entes (diferentemente dos Números Ideais) são múltiplos (há muitos números 1, muitos triângulos etc.), mas são inteligíveis. Por esse motivo, Platão os chamou de entes "intermediários", isto é, entes que estão a meio caminho entre as Ideias e as coisas.

Mais tarde (em Fílon de Alexandria e Plotino), essa complexa esfera da realidade inteligível platônica foi denominada "cosmo noético". Com efeito, ele constitui a totalidade do ser inteligível, ou seja, do pensável em todas as suas relações e em todas as suas referências. Era exatamente isso que Platão, no *Fedro*, chamava de "Lugar Hiperurânio" e também "Planície da Verdade", onde as almas estão a contemplar.

6. Os princípios dos quais nasce o mundo sensível

Do mundo sensível, mediante a "segunda navegação", ascendemos ao mundo do inteligível, tomado como sua "verdadeira causa". Uma vez compreendida a estrutura do mundo inteligível, é possível compreender melhor a gênese e a estrutura do mundo sensível. Como o mundo inteligível deriva do Uno (o princípio formal) e da Díade indeterminada (o princípio material inteligível), assim, o mundo físico deriva das Ideias, que operam como princípio formal, e de um princípio material, dessa vez sensível, ou seja, de um princípio ilimitado e indeterminado, de caráter físico.

A doutrina do Demiurgo no *Timeu*

Enquanto na esfera do inteligível o Uno age sobre a Díade indeterminada, sem necessidade de mediador, porque ambos os princípios são de natureza inteligível, não ocorre o mesmo na esfera sensível. A matéria ou o receptáculo sensível, que Platão chama de *chora* (especialidade), é somente "partícipe de algum modo obscuro do inteligível", e está envolto no interior de um movimento informe e caótico. Como é possível, então, que as Ideias inteligíveis ajam sobre o receptáculo sensível e do caos nasça o cosmo sensível?

<small>O deus-artífice</small>

A resposta de Platão é a seguinte: existe um Demiurgo (*demiourgós*), isto é, um deus-artífice, um deus que pensa e deseja (e, portanto, pessoal), o qual, tomando como "modelo" o mundo das Ideias, plasmou a *chora*, ou seja, o receptáculo sensível segundo esse "modelo", e, de tal modo, gerou o cosmos físico.

<small>O esquema do mundo sensível</small>

O esquema com base no qual Platão explica o mundo sensível é, portanto, claríssimo: há um modelo (mundo ideal), há uma cópia (mundo sensível) e há um Artífice, que fez a cópia valendo-se do modelo. O mundo inteligível (o modelo) é eterno, como eterno é também o Artífice (a inteligência); ao contrário, o mundo sensível construído pelo Artífice nasceu, ou seja, foi gerado no sentido próprio e verdadeiro desse termo, e como se lê no *Timeu* (ver a síntese nas p. 71-72), "este nasceu porque se pode ver e tocar, tendo um corpo, e tais coisas são todas sensíveis, e as coisas sensíveis [...] são sujeitas a processos de geração e geradas".

No entanto, por que o Demiurgo quis gerar o mundo? O Artífice divino gerou o mundo por "bondade" e amor do bem. Eis o texto que contém a resposta que por séculos será considerada um dos vértices do pensamento filosófico:

> Digamos, portanto, por qual razão o Artífice produziu a geração e este universo. Ele era bom, e em alguém que é bom nunca nasce qualquer inveja por nada.

Imune, portanto, da inveja, quis que todas as coisas se tornassem similares a ele o quanto possível. Se alguém aceita isso, como aceito por homens prudentes, como sendo a principal razão da geração do universo, aceita de modo correto. Porque Deus, querendo que todas as coisas fossem boas, na medida do possível, e nenhuma má, tomou tudo o que é divisível e que não estava em repouso, mas se agitava de modo irregular e desordenadamente, e o reduziu da desordem à ordem, julgando isto totalmente melhor que aquilo. Com efeito, nunca foi nem é lícito ao ótimo fazer algo diverso se não há algo mais belo. Raciocinando, portanto, considerou que as coisas naturalmente visíveis, se tomadas em sua completude, nenhuma privada de inteligência, jamais teriam sido mais belas que uma outra que tenha inteligência, e que era impossível que alguma coisa tivesse inteligência sem alma. Com base nesse raciocínio, compondo a inteligência na alma e a alma no corpo, fabricou o universo, *a fim de que a obra por ele realizada fosse a mais bela segundo a natureza e a melhor possível*. Assim, portanto, conforme uma razão verossímil, pode-se dizer que este mundo é verdadeiramente um animal animado e inteligente, gerado pela providência de Deus (29e-30b).

Portanto, o Demiurgo fez a obra mais bela que era possível ser feita, motivado pelo desejo do bem: o mal e o negativo que existem neste mundo se devem à margem de irredutibilidade da "especialidade caótica" (ou seja, da matéria sensível) em relação ao inteligível, da irracionalidade em relação ao racional.

A alma do mundo

Platão concebe o mundo como vivente e inteligente porque julga o vivente e o inteligente mais perfeito que o não vivente e o não inteligente. Portanto, o Demiurgo dotou o mundo, além de um corpo perfeito, de uma alma e de uma inteligência perfeitas. Assim, ele criou a alma do mundo (valendo-se de três princípios, a essência, o idêntico e o diverso) e, na alma, o corpo do mundo.

Portanto, o mundo é uma espécie de "deus visível"; e as estrelas e os astros são "deuses visíveis". E porque esta obra do Demiurgo é perfeita, não se corrompe: o mundo nasceu, mas não perecerá.

O tempo
e o cosmo

Enquanto eterno, o mundo inteligível está na dimensão do "é" sem "era" e "será". O mundo sensível, ao contrário, está na dimensão do tempo, que é "a imagem móvel da eternidade", como uma espécie de desenvolvimento do "é" por meio do "era" e do "será". E, portanto, implica geração e movimento.

O tempo, portanto, nasceu juntamente com o céu, ou seja, com a geração do cosmo, o que significa que "antes" da geração do mundo não havia tempo.

O cosmo

Assim, o mundo sensível torna-se "cosmo", ordem perfeita, que assinala o triunfo do inteligível sobre a cega necessidade da matéria por obra do Demiurgo. "Deus, após ter realizado em todas as partes essas coisas com exatidão, até o que lhe permitia a natureza da necessidade (ou seja, da matéria) espontânea ou persuadida, colocou em tudo proporção e harmonia" (*Timeu*, 56c). A antiga concepção pitagórica do "cosmo" é levada por Platão às últimas consequências.

Trata-se de uma concepção do cosmo que hoje deveria fornecer um estímulo para se repensar muitas posições assumidas pelos físicos e pelos cosmólogos, que substituem a ideia do *caos* por aquela do *cosmos* para explicar o universo.

7. Deus e o divino em Platão

Usamos muitas vezes os termos "divino" e "deus" na exposição do pensamento platônico. Chegou o momento de determinar qual é propriamente o sentido da teologia platônica.

O divino

Alguns disseram que Platão foi o fundador da teologia ocidental. E a afirmação é exata apenas se entendida em determinado sentido. A "segunda navegação", isto é, a descoberta do suprassensível, deu a Platão, pela primeira vez, a possibilidade de ver o divino exatamente na perspectiva do suprassensível, como faria a evolução posterior da concepção do divino. Tanto é assim que hoje consideramos fundamental crer no divino e crer no suprassensível. Desse ponto de vista, Platão é indubitavelmente o criador da teologia ocidental, na medida em que descobriu a categoria do imaterial, de acordo com a qual o divino é pensável.

O divino
é múltiplo

Todavia, é preciso imediatamente acrescentar que, embora tenha adquirido o novo plano do suprassensível e embora tenha nele implantado a problemática teológica, Platão propôs novamente uma visão que é constante em toda a filosofia e a mentalidade grega, segundo a qual o divino é múltiplo.

O ente divino

Contudo, na teologia platônica, devemos distinguir o "divino" impessoal (*theîon*) de Deus (*theós*) e dos deuses impessoais. Divino é o mundo ideal, em todos os seus planos. Divina é a Ideia do Bem, mas não é Deus-pessoa. Portanto, no cume da hierarquia do inteligível há um ente divino (impessoal) e não um deus (pessoal), bem como as Ideias são entes divinos (impessoais) e não deuses (pessoais).

O Demiurgo   Caracterizado como pessoa, isto é, como Deus, de outro lado, é um Demiurgo que conhece e quer: mas ele é hierarquicamente inferior ao mundo das Ideias, já que não apenas não o cria, mas dele depende. O Demiurgo sequer cria a *chora*, ou matéria, da qual o mundo é feito, também preexistente, de modo que ele é aquele que "plasma", ou o "artífice" do mundo, não o criador do mundo. Os astros e o mundo são deuses criados pelo Demiurgo (concebidos como inteligentes e animados). Platão parece, no mais, manter algumas divindades das quais falava o antigo politeísmo tradicional. Divina é a alma do mundo e divinas são as almas das estrelas e as almas humanas, junto às quais encontram-se também os *dáimones* protetores, que ele toma da tradição, e os *dáimones* mediadores, dos quais o exemplo típico é Eros.

Como se vê, o politeísmo revela-se estrutural, e é encontrado no mais teológico dos pensadores da Grécia. A esse respeito, Aristóteles soube dar um passo adiante, na medida em que, invertendo os termos da hierarquia, antepôs um deus com caracteres de pessoa ao divino impessoal; mas nem mesmo Aristóteles, bem como nenhum grego, soube adquirir uma visão monoteísta que o Ocidente conhece apenas por intermédio dos textos da Bíblia.

SÍNTESE DOS DIÁLOGOS
*Fédon, Parmênides,
Sofista, Filebo, Timeu*

Fédon

O *Fédon* (composto após 387 a.C.) é o diálogo mais célebre de Platão. Apresenta as discussões feitas por Sócrates sobre a imortalidade da alma nas últimas horas de sua vida, bem como o momento de sua morte. As doutrinas apresentadas são de Platão, e Sócrates é usado como máscara dramática. O próprio Platão, para tornar isso compreensível, diz que não estava presente.

Após ser libertado das cadeias, Sócrates exprime as teses segundo as quais o filósofo deseja morrer para alcançar a verdadeira vida, liberta do corpo. Além disso, demonstra que a verdadeira virtude é aquela que o filósofo atinge mediante o puro saber (59d-69e). Isso requer que a alma seja imortal.

A primeira prova da imortalidade da alma (69e-77d) recorre à lei dos contrários e à derivação necessária de um contrário de outro, portanto, a necessidade conforme a qual os seres vivos derivam dos mortos exige que as almas dos mortos continuem a existir, em conexão com a teoria da anamnese, que implica a existência da alma mesmo antes de seu nascimento nos corpos.

A segunda prova demonstra que a alma é diferente das realidades corruptíveis, tendo afinidade com o incorruptível (78b-80b).

Símias e Cebes levantam fortes dúvidas (80c-91c), refutadas por Sócrates.

A tese de Símias, segundo a qual a alma seria uma harmonia dos elementos físicos, não procede, na medida em que virtude e vício perderiam seu sentido e não se explicaria como a alma poderia dominar o corpo (91c-95a).

A objeção de Cebes, segundo a qual a alma poderia sobreviver e renascer um certo número de vezes, mas podendo, no final, perecer, requer uma abordagem da metafísica das Ideias e de seus fundamentos.

As Ideias são eternas, e aquelas que lhe são contrárias se excluem mutuamente. A alma, vinculada à Ideia de vida, exclui estruturalmente a Ideia de morte, sendo, por isso, imortal (95a-107b).

Tanto as duas primeiras provas da imortalidade quanto a última são seguidas de célebres mitos escatológicos (80b-84b; 107c-115a).

O diálogo termina com as famosas páginas sobre a morte de Sócrates (115b-118a).

Parmênides

O *Parmênides*, posterior à *República*, abre a série dos diálogos dialéticos da última fase.

Trata-se do diálogo sobre o qual os intérpretes expressaram os juízos mais opostos, considerando-o uma obra-prima de profundidade metafísico-dialética, um puro jogo de inteligência, ou mesmo negando, por vezes, sua autenticidade.

Em sua primeira parte, é fornecido um quadro da dialética de Zenão. Seus célebres argumentos seriam uma prova da falha das teses de Parmênides e demonstrariam o absurdo no qual recaem as críticas dirigidas ao mestre (127a-130a).

Na segunda parte, são apresentadas as críticas dirigidas à teoria das Ideias bem como a sua refutação. Se as Ideias fossem eliminadas, também seriam eliminados o próprio pensar e a própria dialética, portanto, a filosofia (130a-136e).

Na terceira parte, Parmênides torna-se protagonista (136e-166c) e discute a grande questão do Uno: "Se o Uno é e se o Uno não é". As oito hipóteses desenvolvidas chegam a resultados positivos e negativos que pareceriam excluir-se mutuamente: do Uno e do *outro do Uno* nada se pode dizer e tudo se pode dizer.

A conclusão é a seguinte: não é válida a posição dos eleatas, que reduzem tudo à unidade, tampouco a dos pluralistas (assim como a dos atomistas). Há uma posição intermediária, que admite uma *estrutura bipolar* da realidade, ou seja, dois princípios, o Uno e o *múltiplo indefinido*, estruturalmente vinculados, que fundam, em síntese, toda a realidade.

Sofista

O *Sofista* é um dos diálogos dialéticos escritos por Platão no período da velhice.

Para definir o *sofista* há um questionamento dialético, com aplicação da *diairesis*, ou seja, a divisão de uma ideia em suas partes constitutivas, até que se chegue ao elemento não mais divisível.

Inicialmente são dadas seis definições do sofista: um caçador de jovens ricos (221c-223b); um mercador de coisas relativas à alma (223c-224d); vendedor de noções (224d-e); verdadeiro e próprio erista (224e-226a); purifica a alma pelo saber aparente (226a-231c); imitador das coisas conforme a aparência (231c-242b).

Contudo, para compreender como o sofista faz uso das aparências, é preciso admitir a existência do *não-ser*, bem como superar a tese de Parmênides segundo a qual "o não-ser não é". O protagonista do diálogo é um "Estrangeiro de Eleia" (máscara dramática de Platão), de modo que a refutação da tese de que "o não-ser não é" feita por um eleata constitui o parricídio de Parmênides.

Para demonstrar a existência do não-ser Platão refere-se a cinco grandes Ideias: ser, identidade, diferença, repouso, movimento (que não são todas as Ideias supremas, mas uma seleção dentre elas: 254b-255e). A Ideia de repouso e a de movimento são cada qual idêntica a si e, ao mesmo tempo, diferente da outra, ou seja, não é a outra, de modo que, se não houvesse o não-ser, nenhuma Ideia poderia ser diferente das outras (248a-258d).

Logo, o não-ser, não tomado como o nada, mas como *diferença*, necessariamente é.

Pelo não-ser se poderá compreender em que sentido o sofista é um produtor de simulações com base nas aparências, portanto, produtor das coisas como *não são*, e não como *são*.

Filebo

O *Filebo* é o penúltimo escrito de Platão. Seu ponto de partida é a questão do que é o verdadeiro bem para o ser humano, o prazer ou o conhecimento (11a-14b).

Platão apresenta uma solução para o problema, que inverte a maneira comum de pensar, e algumas doutrinas que eram introduzidas na Academia. Para tanto, põe em discussão os conceitos metafísicos mais importantes de seu pensamento, apresentando-os com mais intensidade que em todos os outros diálogos.

A parte central do diálogo, em suas várias seções, trata das relações entre o Uno e o Múltiplo (14c-20c), das características do Bem (20b-23b), da estrutura do ser como misto de *limite* e *ilimitado* (23c-28b), do finalismo cósmico e da Inteligência ordenadora do universo (28c-31b). Aplicando tais conceitos, Platão chega à solução do problema (31b-64b), apresentando também as características do Bem como beleza, proporção e verdade (64c-67d).

As conclusões do diálogo são as seguintes: "O prazer não é o primeiro bem a ser adquirido, nem o segundo, mas o primeiro, referindo-se, de qualquer modo, à medida, ao mensurado e ao conveniente, e tudo aquilo de similar sobre o que é preciso pensar que tenha a natureza do eterno. [...] Em segundo lugar estão o proporcional e o belo, o realizado e o suficiente, e tudo aquilo que pertence à mesma estirpe de coisas. Em terceiro, a inteligência e o pensamento [...]. Em quarto, ciências, artes e retas opiniões. [...] Em quinto, os prazeres desprovidos de sofrimento, puros, enquanto pertencentes apenas à alma" (66a-c).

Timeu

A maior parte dos estudiosos considera o *Timeu* uma obra de velhice, senão talvez o último diálogo publicado.

No prólogo (única parte dialogada), além de notícias históricas, é de notável relevo a notícia acerca de grandes catástrofes e dilúvios cíclicos na história do universo (22c-23d).

Timeu, filósofo pitagórico, começa seu discurso apresentando seus pressupostos metafísicos (27c-29d). A realidade distingue-se naquilo que é eterno e naquilo que se gera e se consagra. Aquilo que é gerado "por necessidade é gerado por alguma causa". Ao produzir a geração do mundo, o Artífice adotou um modelo ideal eterno.

Na primeira parte do discurso de Timeu emerge sobretudo a caracterização da causa do universo, que é o Bem (29e-30a). O mundo é um ser gerado, belo em sumo grau, porque formado por Aquele que é sumamente bom. Timeu então explica como o Demiurgo criou o cosmo em suas partes essenciais e como entrega a deuses criados (os astros) a tarefa de produzir os viventes mortais (29d-47e).

Na segunda parte, fala-se em particular do princípio material do cosmo (uma realidade informe que, contudo, é capaz de receber formas, portanto, de ser plasmada), da formação dos elementos, de várias características sensíveis e das correspondentes impressões sensíveis (47e-69a).

Na terceira parte fala-se da natureza do homem e dos vários órgãos que o constituem. Fala-se, além disso, das várias doenças e do modo de curá-las, em função da realização da "justa medida" em suas diversas formas. Por fim, trata-se da gênese da mulher, dos animais e da metempsicose (69a-92c).

O Demiurgo aparece nesse escrito como a Inteligência que produz o mundo pela transformação da matéria caótica em *cosmo*, ou seja, em ordem, e sua figura impõe-se como modelo aos homens, que, em sua vida, deveriam buscar de todas as maneiras contribuir para a transformação em ordem daquilo que encontram desordenado (em si mesmos e fora de si), ou seja, o caos em cosmo.

APROFUNDAMENTO
O problema do Uno no *Parmênides*

O núcleo teórico do diálogo *Parmênides* apresenta-se da seguinte forma: a concepção monista dos eleatas não se sustenta porque recai em aporias insuperáveis; tampouco se sustenta uma posição simplesmente pluralista (como, por exemplo, a atomista). Mas entre monismo e pluralismo há uma via intermediária sintética, que é aquela que admite uma estrutura polar, ou melhor, bipolar, do real, estrutura que propõe dois Princípios, o Uno e o Múltiplo indefinido, de tal modo que um não existe sem o outro e vice-versa, ou seja, são dois Princípios que resultam vinculados de modo indissolúvel (ver gráfico na página seguinte).

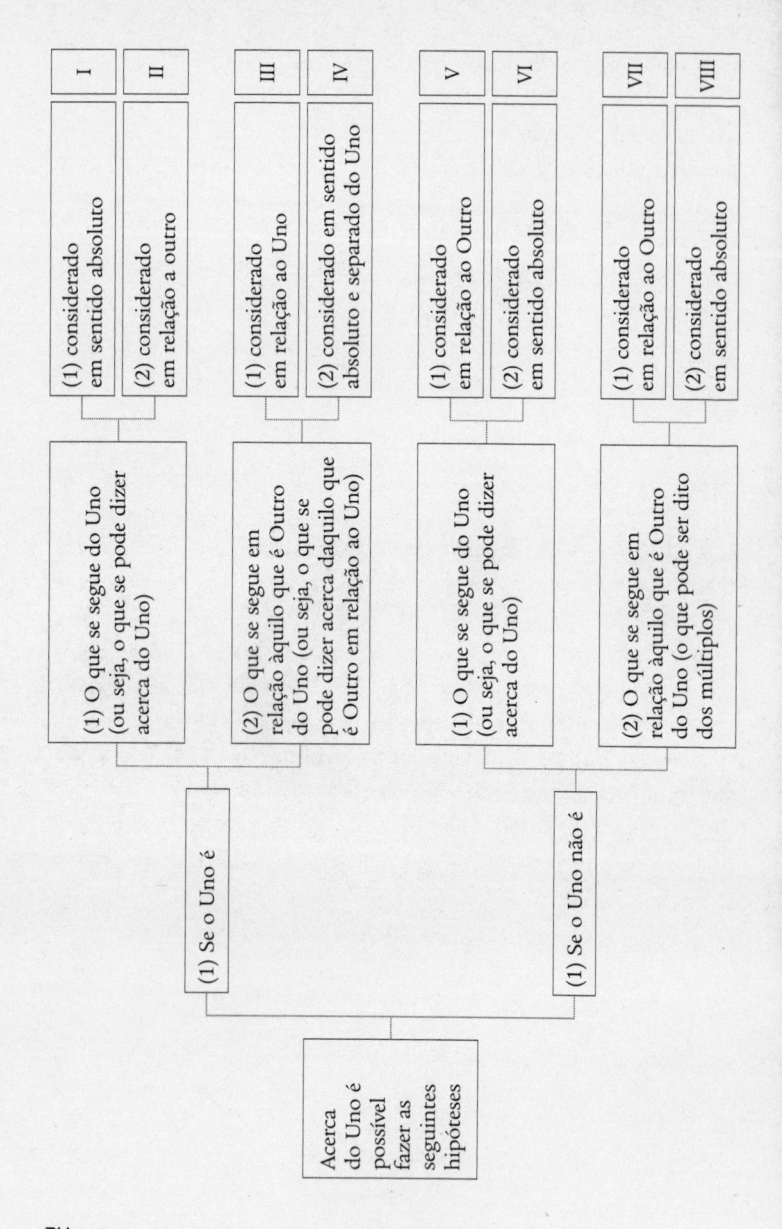

```
Acerca                                                                              ┌─ (1) considerado em sentido absoluto ──────────────────── I
do Uno é                                      ┌─ (1) O que se segue do Uno ────────┤
possível    ┌─ (1) Se o Uno é ────────────────┤   (ou seja, o que se pode dizer    └─ (2) considerado em relação a outro ───────────────────── II
fazer as    │                                 │   acerca do Uno)
seguintes   │                                 │
hipóteses   │                                 │                                    ┌─ (1) considerado em relação ao Uno ────────────────────── III
            │                                 └─ (2) O que se segue em             │
            │                                     relação àquilo que é Outro       └─ (2) considerado em sentido absoluto e separado do Uno ── IV
            │                                     do Uno (ou seja, o que se
            │                                     pode dizer acerca daquilo que
            │                                     é Outro em relação ao Uno)
            │
            │                                                                      ┌─ (1) considerado em relação ao Outro ──────────────────── V
            │                                 ┌─ (1) O que se segue do Uno ────────┤
            └─ (1) Se o Uno não é ────────────┤   (ou seja, o que se pode dizer    └─ (2) considerado em sentido absoluto ──────────────────── VI
                                              │   acerca do Uno)
                                              │
                                              │                                    ┌─ (1) considerado em relação ao Outro ──────────────────── VII
                                              └─ (2) O que se segue em             │
                                                  relação àquilo que é Outro       └─ (2) considerado em sentido absoluto ──────────────────── VIII
                                                  do Uno (o que pode ser dito
                                                  dos múltiplos)
```

Essa concepção de dois Princípios supremos e de sua participação estrutural ilumina de modo diferente a teoria das Ideias. A relação Ideias/coisas sensíveis é reexaminada à luz da estrutura geral bipolar da Unidade e da Multiplicidade. E, com tal concepção, o plano sobre o qual estão baseadas as aporias da segunda parte fica completamente superado.

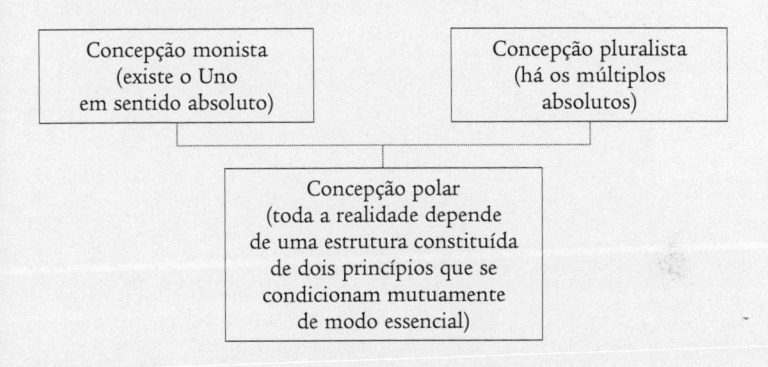

```
┌─────────────────────────┐         ┌─────────────────────────┐
│   Concepção monista     │         │   Concepção pluralista  │
│     (existe o Uno       │         │    (há os múltiplos     │
│   em sentido absoluto)  │         │       absolutos)        │
└───────────┬─────────────┘         └────────────┬────────────┘
            │                                    │
            └──────────────────┬─────────────────┘
                               │
               ┌───────────────┴────────────────┐
               │        Concepção polar         │
               │ (toda a realidade depende      │
               │ de uma estrutura constituída   │
               │ de dois princípios que se      │
               │ condicionam mutuamente         │
               │ de modo essencial)             │
               └────────────────────────────────┘
```

APROFUNDAMENTO
A Díade

A Díade e seu significado como princípio correlativo ao Uno

Para os gregos, a questão metafísica por excelência é "por que existe a multiplicidade?", ou, melhor, "por que e como o múltiplo deriva do uno?". Ora, a novidade trazida por Platão no plano da protologia está exatamente nessa tentativa de "justificação" radical e última da multiplicidade em geral em função dos Princípios do Uno e da Díade indefinida, e de sua estrutura bipolar. A "Díade" ou "Dualidade indeterminada" não é, obviamente, o número "dois", assim como o Uno, no sentido de Princípio, não é o número "um". Ambos os Princípios têm um estatuto metafísico, portanto, são metamatemáticos. Em particular, a "Díade" é Princípio e raiz da multiplicidade dos seres. Essa multiplicidade é concebida como "dualidade de grande-e-pequeno" no sentido em que é "infinita grandeza" e "infinita pequenez", na medida em que constitui a tendência ao infinitamente grande e ao infinitamente pequeno. Exatamente por essa duplicidade de direções (infinitamente grande e infinitamente pequeno) é chamada de "Díade infinita" ou "indefinida", sendo, de outro modo, qualificada como "dualidade do muito-e-pouco", de "mais-e-menos", de "maior-menor", e como desigualdade estrutural.

Com uma terminologia mais específica e técnica, embora não usada explicitamente por Platão, podemos, entretanto, dizer que a Díade é uma espécie de "matéria inteligível", ao menos nos níveis superiores (exclusa a esfera cosmológica, na qual a Díade torna-se matéria inteligível). Esta, por sua vez, é uma multiplicidade "in-determinada" e "in-definida", que, exercendo o papel de substrato para a ação do Uno, produz a multiplicidade das coisas em todas as suas formas. Portanto, além de princípio de Pluralidade horizontal, é também Princípio da gradação hierárquica do real. O problema do qual partimos resolve-se, então, da seguinte maneira: a pluralidade, a diferença e a gradação dos entes nasce da ação do Uno que determina o Princípio oposto, que é a Díade como multiplicidade indeterminada.

Os dois Princípios são, portanto, igualmente originários. O Uno não teria eficácia produtiva sem a Díade, embora seja hierarquicamente superior à Díade. De modo mais exato, seria incorreto falar de dois Princípios se fossem compreendidos em sentido aritmético. Com efeito, sendo os números posteriores aos Princípios e deles derivados, não podem ser atribuídos aos Princípios a não ser em sentido metafórico. Seria mais exato falar, nesse caso, não de "dualismo", mas de polarismo ou "bipolarismo", na medida em que um Princípio exige o outro de modo estrutural.

O ser como síntese (mescla) dos dois Princípios e o Uno além do ser

A ação do Uno sobre a Díade é uma espécie de "de-limitação", "determinação" e "de-finição" do ilimitado, do indeterminado e do indefinido, ou, como parece ter dito Platão, de "equalização do desigual". Os entes derivados da atividade do Uno sobre a Díade são, portanto, uma espécie de síntese que se manifesta como unidade-na-multiplicidade, que é uma definição e uma determinação do indefinido e indeterminado. Este é o fulcro da protologia platônica: o ser é — em todos os níveis — produto de dois Princípios originários, portanto, é uma síntese, um misto de unidade e multiplicidade, de determinante e indeterminado, de limitante e ilimitado. Acerca desse tema, Platão chegara a apresentar um excurso nos escritos, em particular, no *Filebo*.

Acerca do *status* do Uno concebido como "além do ser", a documentação da tradição indireta é escassa. Um testemunho diz que o Uno é *melius ente*. Mas Platão vai até o ponto de dar-nos o mais conspícuo ensaio acerca desse tema em um dos maiores de seus escritos, a *República*, onde define expressamente o Bem (que coincide com o Uno) como "além do ser".

A bipolaridade como cifra do pensamento grego

É preciso insistir acerca de um ponto particular. Essa concepção de dois princípios supremos vinculados por um nexo bipolar e a consequente visão da totalidade do ser (do grau mais alto ao mais baixo) como uma mescla de estrutura sempre bipolar correspondem perfeitamente, na dimensão metafísica, à característica típica do modo de pensar dos gregos em todos os níveis, em particular nos níveis teológico, filosófico e moral. Se examinarmos a expressão mais completa da teologia grega que está contida na *Teogonia* de Hesíodo, notaremos que desde a origem dos deuses as forças cósmicas se dividem em duas esferas opostas, capitaneadas por Caos e Gaia e que possuem, respectivamente, as características de "amorfo" e "forma", as quais, com essa oposição, resumem a totalidade da realidade. Também na segunda fase da teogonia, ou seja, com o advento do reino de Zeus e, portanto, dos deuses olímpicos, essa concepção de fundo torna-se bem evidente: os Titãs vencidos por Zeus são precipitados no Tártaro, que é o "contramundo polarmente oposto" ao Olimpo. Contudo, há algo mais. Cada um dos deuses é um misto de forças que têm o caráter oposto de modo polar. Apolo, por exemplo, em geral, tem como símbolo típico a lira doce e o arco com as flechas cruéis; Ártemis é virgem e, ao mesmo tempo, protetora das parturientes, e assim por diante. De outro lado, cada divindade tem outra divindade que lhe é contraposta de modo polar, como, por exemplo, Apolo tem Dionísio como contraponto polar; Ártemis se encontra contraposta a Afrodite etc. Essa concepção bipolar constitui, de fato, um eixo importante do pensamento grego, como o próprio Aristóteles reconheceu de modo mais explícito no pensamento filosófico.

O Princípio material do *Timeu* e a *Díade* indefinida das doutrinas não escritas

Que relação tem o Princípio material do qual fala o *Timeu* com a Díade das doutrinas não escritas? A expressão Díade indefinida de grande-e-pequeno exprime de modo sintético a natureza do Princípio material, que consiste em uma tendência de modo indeterminado e ilimitado na dupla direção do grande e do pequeno, de diversas formas. Essa tendência ao grande e ao pequeno, ou seja, ao mais e ao menos em todos os sentidos, ao infinito, vale evidentemente para tudo aquilo que em todos os níveis tende ao mais e ao menos, ao excesso e à falta, à desmesura em direções opostas. Portanto, a *chora* do *Timeu* (e tudo o que o diálogo diz acerca do Princípio material) representa apenas uma parte da Díade, ou melhor, um aspecto, ou, para se dizer de modo ainda mais preciso, seu nível mais baixo (o nível sensível).

Evidentemente, a teoria que lemos no *Timeu* deveria ocupar um lugar importante também nas aulas de Platão, e talvez com todas as características que apresentamos; todavia esta se limitava apenas aos fenômenos sensíveis, e, portanto, deveria representar apenas uma parte da visão global. Com efeito, a Díade como tal envolve um quadro muito mais extenso, dado que se situa na explicação de toda a realidade. Podemos dizer, com segurança, que aquilo que Platão diz acerca do Princípio material no *Timeu* (e, em geral, em vários diálogos) não é exaustivo, e que, portanto, é necessário ascender aos vértices da abstração metafísica reunidos nas doutrinas não escritas, cujos traços essenciais foram conservados pela tradição indireta. Evidentemente, o princípio antitético ao Bem-Uno diferencia-se nos diversos graus do ser e, em particular, nas três grandes esferas: (1) a esfera ideal; (2) a esfera intermediária; (3) a esfera sensível. Na esfera ideal, o Princípio antitético produz especialmente a diferenciação e a gradação hierárquica; na esfera intermediária, produz também a multiplicidade das mesmas realidades em sentido horizontal e sempre em nível inteligível; ao contrário, o *novum*, que ele introduz na esfera sensível, consiste em dar origem à dimensão do próprio sensível, com todas as suas implicações, em relação às dimensões do inteligível. Na *Metafísica*, Aristóteles menciona diversas vezes o problema da existência de uma matéria inteligível além da matéria sensível, vinculando a questão da matéria inteligível precisamente à problemática platônica das Ideias e dos entes matemáticos.

Um último ponto importante deve ser ainda mencionado. A tradição indireta nos diz que Platão reportava ao "Uno" a causa do Bem e à "Díade" a causa do Mal. Todavia, não nos diz expressamente que a Díade seja considerada como tal em todos os níveis. Embora seja efetivamente difícil explicar como nos níveis inteligíveis, nos quais a Díade age como princípio de diferença, de gradação e de multiplicidade, possa ser causa do mal em sentido verdadeiro e próprio, e sobretudo de que tipo de mal. Ou melhor, a única perspectiva segundo a qual a Díade pode ser considerada como causa do mal na esfera dos inteligíveis é a generalíssima, na medida em que dela depende as Ideias negativas das várias cópias de contrários. Portanto, no nível inteligível, a Díade é causa do negativo (e, nesse sentido, do mal), apenas no sentido paradigmático e abstrato. É claro, por sua vez, em que sentido a Díade sensível pode ser considerada causa dos males em sentido concreto. No *Teeteto*, Platão diz que não é possível que o mal tenha sua sede junto aos deuses (na esfera dos inteligíveis), mas isso ocorre em torno à natureza mortal, neste mundo.

Capítulo III
O CONHECIMENTO E A DIALÉTICA

1. A anamnese, raiz do conhecimento

Falamos, até agora, do mundo do inteligível, de sua estrutura e do modo como ele se reverbera no sensível. Resta agora examinar de que modo o ser humano pode ascender cognitivamente ao inteligível. E, em geral, é preciso perguntar: como ocorre e o que é o conhecimento?

A questão do conhecimento já havia sido abordada de diversos modos pelos filósofos anteriores, mas nenhum deles a havia formulado de modo específico e definitivo. Platão é o primeiro a expô-la em toda a sua clareza, graças às aquisições estruturalmente vinculadas à grande descoberta do mundo inteligível, ainda que, obviamente, as soluções que propõe permaneçam em grande parte aporéticas.

A questão do conhecimento

A primeira resposta à questão do conhecimento encontra-se no *Mênon*. Os eristas haviam tentado bloquear de modo capcioso a questão, sustentando que a investigação e o conhecimento são impossíveis: com efeito, não se pode investigar e conhecer aquilo que ainda não é conhecido, porque, mesmo que fosse encontrado, não poderia ser reconhecido, faltando o meio para efetuar o reconhecimento; nem mesmo aquilo que já se conhece pode ser investigado, visto que já é conhecido.

É justamente para superar essa aporia que Platão encontra uma novíssima via: o conhecimento é "anamnese", ou seja, uma forma de "recordação", um ressurgir daquilo que existe desde sempre na interioridade de nossa alma.

<small>Anamnese: o *Mênon*</small>

O *Mênon* (ver a síntese nas p. 95-96) apresenta a doutrina de uma dupla forma: uma mítica e outra dialética. A primeira forma, de caráter mítico-religioso, reelabora doutrinas órfico-pitagóricas, conforme as quais a alma renasce muitas vezes, pois é imortal. A alma, portanto, viu e conheceu toda a realidade, a realidade do além e a realidade daqui. Se é assim, conclui Platão, é fácil compreender como a alma pode conhecer e aprender: deve simplesmente retirar de si mesma a verdade que substancialmente possui desde sempre: e esse "retirar de si" é um "recordar". Eis a célebre passagem do *Mênon*:

> E porque, portanto, a alma é imortal e renasceu muitas vezes, e porque viu todas as coisas, sejam aquelas deste mundo, sejam as do Hades, não há nada que não tenha aprendido; de tal modo que não é algo surpreendente que ela seja capaz de recordar-se seja da virtude, seja das outras coisas que também sabia anteriormente. E na medida em que a alma toda é congênere, e porque a alma tudo aprendeu, nada im-

pede que se recorde de algo — isso é o que os homens denominam aprendizado — e descubra também todas as outras, sendo forte e não se desencorajando de investigar: com efeito, o investigar e o aprender são em geral um recordar (81c-d).

Contudo, logo depois, sempre no *Mênon*, as partes do discurso são invertidas: a conclusão torna-se interpretação filosófica de um dado de fato experimentado e acertado, e aquilo que antes era pressuposto mitológico com função de fundamento torna-se, então, conclusão. Com efeito, após a exposição mitológica, Platão faz um "experimento maiêutico" de forte inspiração socrática. Interroga um escravo que não conhece geometria, levando-o a resolver, apenas questionando-o ao modo de Sócrates, uma complexa tese de geometria (relativa ao conhecimento do teorema de Pitágoras).

Um "experimento maiêutico"

Portanto, argumenta Platão, embora o escravo jamais houvesse estudado geometria, e embora não lhe tivesse sido fornecida uma solução por ninguém, a partir do momento em que ele soube alcançar o conhecimento sozinho, não se pode concluir senão que retirou esse conhecimento de si mesmo, de sua própria alma, ou seja, que dele se recordou. E aqui, como fica claro, a base da argumentação, longe de ser um mito, é uma constatação de fato: assim como o escravo, cada ser humano pode trazer e retirar de si mesmo verdades que antes não conhecia e que ninguém lhe ensinou. "Como consequência da existência da verdade na interioridade humana, Platão deduz a imortalidade e a perenidade da alma. Se a alma possui em si verdades que não aprendeu anteriormente na vida atual, que são veladas, mas podem ser revivi-

O escravo que nunca estudou geometria

das na consciência, isso quer dizer que ela as possuía em si — antes do nascimento do ser humano em que agora se encontra — desde sempre. A alma, portanto, é imortal, assim como em certo sentido permanece no ser de modo estável, como a verdade."

Muitas vezes, alguns estudiosos afirmaram que a doutrina da anamnese surgiu em Platão por influência órfico-pitagórica; mas, depois de tudo que foi explicado anteriormente, fica claro que a maiêutica socrática teve ao menos um peso igual na gênese da doutrina. É evidente que para fazer a verdade surgir na alma de modo maiêutico, a verdade deve subsistir na alma. A doutrina da anamnese, de tal modo, apresenta-se, para além de um corolário à doutrina órfico-pitagórica da metempsicose, antes como a justificação e a corroboração das possibilidades mesmas da maiêutica socrática.

Fédon

Platão fornece outra prova da anamnese no *Fédon*, sendo repensado sobretudo o conhecimento matemático (que teve enorme importância na determinação da descoberta do inteligível). Ele argumenta da seguinte forma: constatamos pelos sentidos a existência de coisas iguais, maiores e menores, quadradas e redondas, e outras coisas análogas. Contudo, com uma reflexão autêntica, descobrimos que os dados fornecidos pela experiência — todos os dados, sem qualquer tipo de exceção — nunca se adéquam, de modo perfeito, às noções que lhes são correspondentes, que, contudo, dominamos de modo indiscutível: nunca um objeto sensível é "perfeita" e "absolutamente" quadrado ou redondo, mas temos essas noções de igual, de quadrado e de círculo "absolutamente perfeitas". Assim, é preciso concluir que, entre os dados da experiência e as noções que temos, há uma

As nossas noções não coincidem com os dados da experiência

discrepância: os conhecimentos que dominamos contêm algo a mais em relação aos dados empíricos. Mas de onde pode derivar esse *plus*? Se, como foi visto, não deriva e não pode estruturalmente derivar dos sentidos, isto é, do mundo exterior, não se pode concluir senão que provêm de nós mesmos. Mas não podem provir de nós como se fossem uma criação do sujeito pensante: o sujeito pensante não "cria" esse *plus*, "encontra-o" e "descobre-o"; este, antes, impõe-se ao sujeito de modo objetivo e independente de qualquer poder do próprio sujeito. Portanto, os sentidos nos fornecem apenas conhecimentos imperfeitos; nossa mente (o nosso intelecto), escavando e quase redobrando-se sobre si mesma, por ocasião de tais dados, encontra os correspondentes conhecimentos perfeitos. E, na medida em que não os produz, fica claro que os reencontra em si e lhes retira de si como uma "posse originária", "recordando-os". "De tal modo, a matemática revela que nossa alma está em posse de conhecimentos perfeitos que não derivam das coisas sensíveis e que correspondem a modelos das coisas, embora sem conseguir atingir-lhes."

Platão repete o mesmo raciocínio a propósito das várias noções estéticas e éticas (belo, justo, bom, piedoso etc.), que, por aquele *plus* que englobam em relação à experiência sensorial, não podem ser explicadas senão como uma posse pura e originária em nossa alma, ou seja, como reminiscência. E a reminiscência supõe estruturalmente uma impressão da Ideia na alma, uma "visão" metafísica originária do mundo ideal, permanente, embora velada, na alma de cada um de nós.

Platão manteve essa doutrina e a repete no *Fedro*, assim como no tardio *Timeu*.

O *a priori*   Alguns estudiosos viram na reminiscência das Ideias a primeira descoberta ocidental do *a priori*. Essa expressão, ficando claro que não é platônica, pode, sem dúvida, ser usada, desde que se entenda não o *a priori* de tipo subjetivo-kantiano, mas objetivo. As Ideias são, com efeito, realidades objetivas absolutas, que, mediante a anamnese, impõem-se como objetos da mente. E, na medida em que na reminiscência a mente apreende e não produz as Ideias, apreendendo-as de modo independente da experiência (ainda que com o concurso da experiência, uma vez que devemos ver as coisas sensíveis iguais para que "nos recordemos" do Igual em si, e assim por diante), podemos falar em descoberta do *a priori* (ou seja, da presença no ser humano de conhecimentos puros, de modo independente da experiência) ou de primeira concepção do *a priori* na história da filosofia ocidental.

2. Os graus do conhecimento

A anamnese explica as "raízes" ou a "possibilidade" do conhecimento, enquanto afirma que o conhecimento é possível porque temos na alma uma intuição originária do verdadeiro. Para determinar as etapas e os modos específicos do conhecimento devemos nos referir à *República* e aos diálogos dialéticos.

A *República*   Na *República*, Platão parte do pressuposto de que o conhecimento é proporcional ao ser, de modo que somente aquilo que é maximamente ser é perfeitamente cognoscível, enquanto o não-ser é incognoscível de modo absoluto. Mas, na medida em que existe também uma realidade intermediária entre ser e não-ser, isto é, o sensível, que é um misto de ser e de não-ser (porque sujeito ao devir), então Platão conclui que desse "intermediário" há um tipo de conhecimento intermediário entre ciência e ignorância, um conhecimento que não é o verdadeiro e próprio conhecimento e que se denomina "opinião" (*doxa*).

Todavia, a opinião, para Platão, é muito flutuante. Embora possa ser verdadeira e reta, nunca pode ter em si a garantia da própria correção, e permanece sempre volátil, como é volátil o mundo sensível ao qual ela se refere. Para fundamentar a opinião, seria preciso, como Platão diz no Menon, uni-la com o "raciocínio causal", isto é, fixá-la como o conhecimento da causa (da Ideia): mas, então, deixaria de ser opinião e se tornaria ciência ou *episteme*.

A opinião

Platão especifica, em seguida, que tanto a opinião (*doxa*) quanto a ciência (*episteme*) têm, cada uma, dois graus: a opinião divide-se em mera imaginação (*eikasía*) e em crença (*pistis*), enquanto a ciência divide-se em conhecimento mediano (*diánoia*) e em pura intelecção (*nóesis*). E, considerando o princípio de proporcionalidade descrito, cada grau e cada forma de conhecimento têm um grau correspondente e uma forma correspondente de realidade e de ser. A imaginação e a crença correspondem a dois graus do sensível, e, respectivamente, referem-se à sombra e às imagens sensíveis das coisas e às coisas e aos objetos sensíveis em si. O conhecimento mediano e a inteligência referem-se, por sua vez, a dois graus do inteligível (ou, segundo alguns críticos, a dois modos de apreender o inteligível); a *diánoia* é o conhecimento matemático-geométrico, a *nóesis* é o puro conhecimento dialético das Ideias. A *diánoia* refere-se ainda aos elementos vi-

Os graus de conhecimento

síveis (por exemplo, as figuras traçadas nas demonstrações geométricas) e às hipóteses; a *nóesis* é a apreensão pura das Ideias e do princípio supremo e absoluto do qual elas dependem (ou seja, a Ideia do Bem).

Graus de conhecimento e de realidade

Planos do conhecimento		Planos do ser	
doxa (opinião)	*eikasía* (imaginação)	imagens sensíveis	mundo sensível
	pistis (crença)	objetos sensíveis	
episteme (ciência)	*diánoia* (conhecimento intermediário)	objetos matemáticos (os "entes intermediários" das doutrinas não escritas)	mundo inteligível
	nóesis (intelecção)	Ideias e Ideia do Bem	

3. A dialética

O filósofo é o dialético por excelência

Via de regra, os homens comuns detêm-se nos dois primeiros graus da primeira forma de conhecimento, isto é, ao opinar, os matemáticos ascendem à *diánoia*; somente o filósofo ascende à *nóesis* e à suprema ciência. O intelecto e a intelecção, abandonando as sensações e qualquer elemento ligado ao sensível, apreendem, por meio de um procedimento simultaneamente discursivo e intuitivo, as puras Ideias, seus nexos positivos e negativos, isto é, todos os seus vínculos de implicação e de exclusão, e ascendem de Ideia em Ideia até a apreensão da Ideia suprema, ou seja, do incondicionado. E esse procedimento, pelo qual o intelecto passa ou transcorre de Ideia em Ideia, é a "dialética", assim como o filósofo é o "dialético" por excelência.

Compreende-se, portanto, como — sobretudo da *República* em diante — Platão buscou aprofundar em todos os modos esse conceito de dialética, tanto em seus escritos como em suas aulas. De tal modo, os diálogos posteriores à *República* são chamados de dialéticos, e demonstram como e em que medida ser filósofo significa ser dialético, pois somente mediante a dialética se pode alcançar a verdade.

A dialética tem duas formas particulares pelas quais opera.

Há, em primeiro lugar, uma dialética ascendente, que é aquela que, livre dos sentidos e do sensível, conduz às Ideias e, em seguida, de Ideia em Ideia, até a Ideia suprema por meio do procedimento sinótico (que aos poucos reúne a multiplicidade na unidade).

Dialética ascendente e dialética descendente

Em segundo lugar, há uma dialética descendente, que, percorrendo o caminho oposto, parte da Ideia suprema, ou de Ideias gerais, e, procedendo por divisões (procedimento diairético), isto é, distinguindo progressivamente Ideias particulares contidas nas gerais, chega às Ideias que não incluem em si Ideias ulteriores. Desse modo, a dialética descendente é capaz de estabelecer o lugar que uma Ideia ocupa na estrutura hierárquica do mundo ideal, e, por isso, é capaz de compreender a complexa trama de relações que vincula as partes e o todo. Em suma, a dialética, em seu sentido global, conduz à compreensão perfeita daquela coisa "admirável" da qual fala o *Filebo*, ou seja, leva à compreensão de como "os múltiplos são uno e o uno é múltiplo". Em seu grau supremo, esse tipo de conhecimento é exatamente aquele que o Demiurgo (a Inteligência divina) possui de modo perfeito: trata-se da ciência que permite reduzir a "multiplicidade" na "unidade" e novamente fazer derivar da "unidade" a "multiplicidade". Esse aspecto da dialética é ilustrado com amplitude especialmente nos diálogos da última fase.

O *Sofista*

Um exemplo significativo é tomado do *Sofista* (218e-221c), em que o protagonista, Teeteto, convida o Estrangeiro a buscar uma definição para "sofista" com base no método diairético ou dicotômico. O procedimento consiste em subdividir em dois o todo escolhido como ponto de partida para reduzi-lo progressivamente às suas várias formas, escolhendo progressivamente aquela mais útil à definição do objeto de investigação, até se chegar a uma ideia indivisível.

O exemplo da pesca com anzol

Nesse ponto, o Estrangeiro, antes de se deter na definição precisa de "sofista", decide partir de um exemplo mais simples, dando a definição de "pesca com anzol". O ponto de partida acerca do qual ambos os interlocutores estão de acordo é que a pesca com anzol é uma arte.

Chegando a esse ponto, a definição de pesca com anzol pode ser dada por meio da reunião de vários aspectos contidos ao longo do procedimento dialético ilustrado: a pesca com anzol é uma arte de aquisição por meio da captura e por meio da caça de seres animados que nadam no mar, realizada por meio de perfuração e com o uso de um anzol usado de baixo para cima. Para concluir, podemos dizer que a dialé-

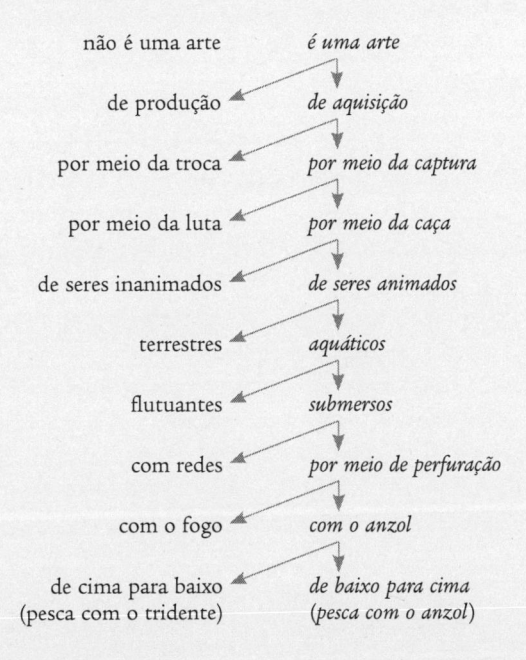

não é uma arte	*é uma arte*
de produção ←	*de aquisição*
por meio da troca ←	*por meio da captura*
por meio da luta ←	*por meio da caça*
de seres inanimados ←	*de seres animados*
terrestres ←	*aquáticos*
flutuantes ←	*submersos*
com redes ←	*por meio de perfuração*
com o fogo ←	*com o anzol*
de cima para baixo ←	*de baixo para cima*
(pesca com o tridente)	*(pesca com o anzol)*

tica é a apreensão, fundada na intuição intelectual, do mundo ideal, de sua estrutura, do lugar que cada Ideia ocupa em relação às outras Ideias em tal estrutura: e esta é a "verdade". Como fica evidente, o novo significado de "dialética" depende inteiramente dos êxitos da "segunda navegação".

4. O esquema protológico da dialética centrado no uno e no múltiplo

Tudo o que dissemos ainda não atinge o fundamento e o esquema protológico da dialética, ou seja, aqueles nexos fundamentais que constituem a trama da própria dialética, em geral e em particular. Três pontos merecem um destaque especial.

Em primeiro lugar, o procedimento "sinótico" e o "diairético" vinculam-se de diversas maneiras e de modo encadeado, sendo que um se torna compreensível apenas em conexão com o outro, e vice-versa.

Em segundo lugar, os nexos fundamentais consistem nas relações Uno-Múltiplo, e as escansões dos dois procedimentos dialéticos são tanto aquelas que conduzem a apreender de modo sinótico a multiplicidade na unidade até a unidade suprema quanto aquelas que conduzem à decomposição diairética da unidade na multiplicidade de modo a compreender como o Uno explica-se no Múltiplo.

O uno e o múltiplo

A dialética, em suma, em seu sentido global, conduz à compreensão perfeita daquela coisa "admirável" da qual fala o *Filebo*: como "o múltiplo pode ser uno e o uno pode ser múltiplo". Em seu grau supremo, esse tipo de conhecimento é exatamente o conhecimento que o Demiurgo (a Inteligência divina) domina de modo perfeito: trata-se da ciência que permite reduzir a multiplicidade à unidade e, novamente, derivar a multiplicidade da unidade.

SÍNTESE DOS DIÁLOGOS
Mênon

O *Mênon* foi composto pouco depois da fundação da Academia (388 a.C.).

A questão que ele discute é se a virtude pode ou não ser ensinada. Parte-se de uma série de definições de virtude dadas por Mênon que se mostram inconsistentes (70a-79e).

Passe-se, então, à apresentação da doutrina do conhecimento tomado como anamnese, como recordação da alma, demonstrando-a com um experimento maiêutico que Sócrates faz com um escravo, de cuja alma faz emergir, pela recordação, a solução de um problema geométrico (80d-86c). Demonstra-se, portanto, que a virtude poderia ser ensinada apenas se fosse ciência.

Em seguida, Ânito (o acusador de Sócrates) entra em cena sustentando a tese de que os sofistas e todos os bons atenienses são mestres de virtude. Tese que Sócrates refuta, demonstrando que nem mesmo os melhores políticos atenienses se mostraram mestres de virtude (89b-95a). Em Atenas houve bons políticos, mas estes governaram a cidade não por meio da ciência, mas pela reta opinião e pela inspiração divina (95a-99e).

As conclusões do diálogo são as seguintes: "A virtude não deveria ser dada nem por ensinamento nem por natureza, mas por uma espécie de sorte divina, sem que aqueles que dela são tomados tenham disso consciência. A menos que entre os homens políticos haja um capaz de tornar políticos também a outros" (99e-100a).

Esse homem foi Sócrates, e assim queria ser Platão. A virtude pode surgir no ser humano como ciência, no modo em que Sócrates fazia com a maiêutica e como Platão quer fazer com a anamnese dialética na Academia.

Capítulo IV
A ARTE E O AMOR PLATÔNICO

1. A arte como distanciamento do verdadeiro

A temática platônica da arte é tomada em estrita conexão com a temática metafísica e dialética. Platão, com efeito, ao determinar a essência, a função, o estatuto e o valor da arte, preocupa-se apenas em estabelecer qual valor de verdade ela contém, ou seja, em que medida pode se aproximar do verdadeiro; se torna o ser humano melhor; se socialmente tem ou não valor educativo. E sua resposta, como é sabido, é de todo negativa: a arte não desvela, mas oculta o verdadeiro porque não é uma forma de conhecimento; não aperfeiçoa o ser humano, mas o corrompe porque é mentirosa; não educa, mas produz um efeito contrário, pois dirige-se às faculdades não racionais da alma, que são as partes inferiores de nosso ser.

Já nos primeiros escritos, Platão assume uma abordagem negativa diante da poesia, consideran-

O valor de verdade da arte

A poesia

do-a decisivamente inferior à filosofia pelas seguintes razões:

- não se é poeta por ciência e por conhecimento, mas por intuição irracional;
- o poeta, quando compõe, está "fora de si", é "possuído" e, portanto, inconsciente: não sabe dar razão àquilo que faz, nem sabe ensinar aos outros aquilo que faz;
- o poeta é poeta por "sorte divina", não em virtude do conhecimento.

República, livro X

Mais precisas e determinadas são as concepções de arte que Platão exprime no livro X da *República*. A arte, em todas as suas expressões (seja como poesia, seja como arte pictórica e plástica), é, do ponto de vista ontológico, uma "imagem" do "paradigma" eterno da Ideia, portanto, dista do verdadeiro na medida em que a cópia é distante do original. Sendo assim, se a arte, por sua vez, é imitação das coisas sensíveis, segue-se, então, que ela é uma "imitação da imitação", uma cópia que reproduz uma cópia, estando, por sua vez, "três vezes distante da verdade".

A arte corrompe

Sendo assim, a arte figurativa imita a mera aparência e, de tal modo, os poetas falam sem saber e sem conhecer aquilo de que falam, e seu falar é, do ponto de vista do verdadeiro, um jogo, uma brincadeira. Por consequência, Platão está convencido de que a arte dirige-se não à melhor, mas à parte menos nobre de nossa alma. A arte é, portanto, corruptora, sendo em larga medida banida ou, ainda, eliminada do estado perfeito, a menos que se submeta às leis do bem e do verdadeiro.

Platão — note-se — não negou a existência e o poder da arte, mas negou que a arte valesse apenas por si mesma: a arte ou está a serviço do verdadeiro ou a serviço do falso, *tertium non datur*. Abandonada a si mesma, a arte serve ao falso. Portanto, se pretende "salvar-se", deve se sujeitar à filosofia, única capaz de apreender o verdadeiro; do mesmo modo, o poeta deve submeter-se às regras do filósofo.

2. A retórica como mistificação do verdadeiro

Na Antiguidade clássica, a retórica tinha enorme importância, tal como, por exemplo, junto aos sofistas. Ela não era, como para nós, modernos, algo relacionado ao artifício literário e que, portanto, coloca-se às margens da vida prática, mas era uma força civil e política de primeira ordem.

Segundo Platão, a retórica (a arte dos políticos atenienses e de seus mestres) é mera adulação, lisonja, bajulação, contrafacção do verdadeiro. Assim como a arte pretende retratar e imitar todas as coisas sem delas ter verdadeiro conhecimento, a retórica pretende persuadir e convencer a todos acerca de tudo, sem disso ter qualquer "conhecimento". E, assim como a arte cria meros fantasmas, a retórica cria vãs persuasões e crenças ilusórias. O retor é aquele que, embora não sabendo, tem a habilidade, nos confrontos com os outros, de ser persuasivo para além do que sabe verdadeiramente, jogando com os sentimentos e as paixões.

O Górgias: a retórica é adulação

A retórica (assim como a arte) volta-se, portanto, para a pior parte da alma, para a parte crédula e instável. Assim, o retor está tão distante do verdadeiro quanto o artista e, antes, ainda mais distante, porque fornece deliberadamente aos fantasmas do verdadeiro o estatuto de verdadeiro, revelando, por sua vez, uma malícia que o artista não tem, ou tem apenas em parte.

Assim como a poesia é substituída pela filosofia, a retórica é substituída pela "verdadeira política", que coincide com a filosofia. Poetas e retores estão para o filósofo como as aparências estão para as realidades e como os fantasmas da verdade estão para a verdade.

Fedro: a verdadeira arte retórica

Esse áspero juízo sobre a retórica, pronunciado no *Górgias*, é ao menos suavizado no *Fedro* (ver a síntese dos diálogos nas p. 103-105), em que se reconhece à arte do discurso, ou seja, à retórica, um direito de existência, contanto que ela se submeta à verdade e à filosofia. Somente conhecendo a natureza das coisas, mediante a dialética, e a natureza da alma humana, à qual os discursos são dirigidos, será possível construir uma arte retórica verdadeira, uma forma verdadeira de persuadir por meio dos discursos.

3. O amor platônico como via alógica para o absoluto

A temática da beleza não é vinculada por Platão à temática da arte (que é imitação de mera aparência, e não reveladora da beleza inteligível), mas à temática de Eros e do amor, tomado como força mediadora entre sensível e suprassensível, força que dá asas e eleva, por meio dos vários níveis da beleza, à metaempírica beleza em si. E, na medida em que, para os gregos, o Belo coincide com o Bem, ou, por vezes, é um aspecto do Bem, assim, Eros é a força que eleva ao Bem, e a "erótica" revela-se como uma via alógica que conduz ao Absoluto.

No *Banquete* (ver a síntese nas p. 105-106), Platão faz uma esplêndida análise do amor: Amor não é nem belo nem bom, mas é desejo de beleza e de bondade. O amor não é, portanto, um deus (Deus é sempre e unicamente bom e belo), tampouco é um ser humano. Não é mortal nem imortal; ele é um dos seres daimônicos "intermediários" entre o homem e Deus.

<small>A análise do Amor no *Banquete*</small>

Amor, portanto, é filó-sofo, no sentido próprio do termo. A *sophia*, isto é, a sabedoria, é possuída apenas por Deus; a ignorância é própria daquele que é totalmente desprovido de sabedoria; a filosofia, ao contrário, é própria de quem não é nem ignorante nem sábio, não possui o saber, mas o aspira, está sempre em busca, e aquilo que encontra lhe foge, devendo buscar além, assim como faz o amante.

<small>O filó-sofo</small>

Aquilo que os homens normalmente chamam de amor não é senão uma pequena parte do verdadeiro amor: amor é desejo do belo, do bem, da sabedoria, da felicidade, da imortalidade, do absoluto. O amor percorre muitos caminhos que levam a vários graus do bem (qualquer forma de amor é desejo de possuir o bem para sempre): mas o verdadeiro amante é aquele que sabe percorrer todos até o fim, até atingir a suprema visão daquilo que é absolutamente belo.

No nível mais baixo da escala do amor está o amor físico, que é desejo de possuir o corpo belo a fim de gerar no belo um outro corpo: e já esse amor físico é desejo de imortalidade e de eternidade, "porque a geração, embora em um ser mortal, é perenidade e imortalidade".

<small>Os vários graus da escala do amor</small>

Em seguida, há o grau dos amantes que são fecundos não nos corpos, mas nas almas, que carregam sementes que nascem e crescem na dimensão do espírito. E, dentre os amantes na dimensão do espírito encontram-se, direcionando-se cada vez mais alto, os amantes das almas; os amantes das artes, os amantes da justiça e das leis, os amantes das ciências puras.

Por fim, no cume da escala do amor há a fulgurante visão da Ideia do Belo em si, do Absoluto.

Fedro

No *Fedro*, Platão aprofunda posteriormente a questão da natureza sintética e mediadora do amor, vinculando-o à doutrina da reminiscência. A alma, como sabemos, em sua vida originária junto aos deuses, viu o Hiperurânio e as Ideias; depois, perdendo as asas e precipitando-se nos corpos, esqueceu-se de tudo. Mas, com esforço, filosofando, a alma "recorda" aquilo que outrora havia visto. Essa recordação, no caso específico da beleza, ocorre de um modo particular, pois dentre todas as outras Ideias teve uma sorte privilegiada de ser "extraordinariamente evidente e extraordinariamente amável". Essa emergência da beleza ideal no belo sensível inflama a alma, que é tomada do desejo de alçar voo para alcançar o lugar de onde desceu. E esse desejo é precisamente Eros, que, pelo anelo ao suprassensível, faz renascer na alma suas antigas asas e a eleva.

O amor (o "amor platônico") é nostalgia do Absoluto, tensão transcendente em direção ao metaempírico, força que impulsiona ao nosso originário ser-entre-os-deuses.

SÍNTESE DOS DIÁLOGOS
Górgias, Fedro, Banquete

Górgias

O *Górgias* remonta aos anos da primeira viagem de Platão à Itália (em torno de 388 a.C.) e trata da retórica.

Sócrates discute, a princípio, com Górgias, que fornece seis definições de retórica, chegando à conclusão de que a vantagem por ela oferecida é o *poder de persuadir*. Sócrates demonstra que a retórica gorgiana persuade, mas é *desprovida de saber*, e que tem relações ambíguas com a justiça (448d-461b).

Pólo intervém em defesa da tese de seu mestre, mas Sócrates demonstra a razão pela qual a retórica não deveria de modo algum ser separada da justiça. A injustiça, com efeito, é o pior dos males: "É pior praticar a injustiça do que recebê-la" (475c), e também mais danoso. Cumprir a pena significa libertar-se dos males cometidos, e quem não recebe a punição é mais infeliz do aquele que a recebe (461b-481b).

Cálicles intervém bruscamente, sustentando que a tese de Sócrates é contrária à natureza e que a justiça é "o direito dos mais fortes". Sócrates demonstra todas as implicações e as consequências dessa tese. A verdadeira retórica deveria tornar as almas dos cidadãos o mais virtuosas possível, para que sejam ordenadas, justas e moderadoras (481b-505c).

Cálicles recusa-se a prosseguir a conversa e Sócrates conclui sozinho a discussão com perguntas e respostas (505c-523a). Demonstra a dimensão universal da *ordem* e da *temperança*. A retórica poderia salvar a vida física, mas aquilo que vale "não é o viver enquanto tal, mas viver segundo a justiça".

Os políticos atenienses não exercem a verdadeira política como, por sua vez, Sócrates, que diz: "Creio estar entre os poucos atenienses, para não dizer o único, que busque a verdadeira arte política, e o único entre os amigos que a exercite" (521d). E a verdadeira arte política consiste em ajudar os homens a não cometer injustiças.

O *Górgias* contém páginas fundamentais da ética platônica (427d ss.; 506c ss.) e o primeiro mito escatológico sobre a sorte dos justos e dos injustos no além (523a-527e).

Fedro

O *Fedro* é um "autorretrato" de Platão como filósofo e como homem. Foi escrito depois da *República*, entre 368 e 363 a.C.

Inicia-se com a apresentação de um discurso de Lísias — considerado naquele momento o maior escritor da Grécia — dedicado a Eros (230e-237a). Apresenta, em seguida, um discurso em que Sócrates demonstra os erros do discurso de Lísias, seja no conteúdo, seja na forma (237a-242b). Enfim, coloca na boca de Sócrates um segundo discurso, no qual apresenta um grande elogio de Eros, com elevada inspiração poética e artística (243e-257b).

Dado o tema de Eros, tratado no último discurso de Sócrates de modo extraordinário, pensou-se erroneamente que esse seria o tema exclusivo do diálogo e descuidou-se do resto, considerando-o como acréscimo digressivo.

Ao contrário, os três primeiros discursos são apresentados como um "concurso de retórica" a fim de se chegar ao problema acerca do modo com o qual se deve falar e escrever.

Platão explica quais são os critérios para fazer discursos corretos e demonstra como o fundamento da retórica deve ser a dialética.

A verdadeira arte oratória deve fundar-se em verdade e deleite não para os homens, mas em relação aos deuses (259e-274b).

Embora considerando ser mestre na arte de falar e de escrever, Platão afirma ser, como filósofo, algo mais que um grande escritor. Julga a *oralidade* superior à *escrita* e afirma que o verdadeiro filósofo é aquele que escreve as verdades não em rolos de papel, mas nas almas dos homens (274b-278e).

Banquete

O *Banquete* representa um convite em honra de Agatão por causa da vitória que obteve em um concurso com sua tragédia (em 416 a.C.), sendo a obra-prima literária da maturidade de Platão.

Sócrates é convidado por Agatão, juntamente com personagens famosos, e Erixímaco propõe que cada um faça um elogio a Eros (172a-178a).

Fedro (178a-180b) apresenta Eros como um deus dos mais antigos, causa dos maiores bens e de importância sóciopolítica. Somente quem ama aceita morrer pelos outros, inspirado por Eros.

Segue-se o discurso de Pausânias (180c-185c), que propõe a distinção entre *Eros celeste* e *Eros vulgar*. O amor pelos jovens é elogiável, mas apenas o amor celeste conduz à virtude.

O médico Erixímaco fala da potência de Eros, em dimensão cósmica e em todas as suas formas particulares (185e-188e).

Para Aristófanes, Eros tende a realizar uma unidade entre duas pessoas. Originariamente, com efeito, os pares humanos eram unidos, mas, por sua arrogância, foram divididos por Zeus (189c-190b).

Agatão apresenta Eros como o deus mais feliz, mais belo, de maior bondade, mais jovem, mais astuto, provido de todas as virtudes e doador das coisas mais belas e boas aos homens (194e-197e).

Sócrates finge expor as revelações recebidas da sacerdotisa Diotima de Mantineia. Eros não é um deus, mas um dêmone[1], inter-

---

1. Seguimos a forma do termo italiano traduzido por Reale: "demone". A tradução de dáimon por "dêmone" é também empregada por A. L.

mediário e mediador entre os homens e os deuses. Nasce na festa de nascimento de Afrodite, filho de Penia (deusa da pobreza) e de Poros (deus do desejo de conquistar e possuir). É a força que permite ascender sempre mais alto na escala do belo, até atingir o belo em si (198a-212c).

Alcebíades chega com outros jovens embriagados. Em vez de um elogio de Eros, ele aceita fazer um elogio do verdadeiro erótico. Ele apresenta Sócrates como tal, enquanto amante não das aparências de beleza, mas da verdadeira beleza (215a-222b).

O diálogo é concluído com a afirmação de que o poeta deveria ser simultaneamente cômico e trágico. E tal deveria ser o verdadeiro poeta do futuro, que deve se apoiar na verdade (222c-223d).

---

de Almeida Prado, em sua tradução da *República* (São Paulo, Martins Fontes, 2009). (N. do T.)

Capítulo V
A CONCEPÇÃO DO HOMEM

1. Concepção dualista do homem

Explicamos anteriormente como a relação entre as Ideias e as coisas não é "dualista" no sentido usual do termo, dado que as Ideias são a "verdadeira causa" das coisas. É dualista, ao contrário (em certos diálogos em sentido total e radical), a concepção platônica das relações entre a alma e o corpo. Introduz-se, com efeito, além do componente metafísico, o componente religioso do orfismo, o qual transforma a distinção entre alma (suprassensível) e corpo (sensível) em uma oposição. Por esse motivo, o corpo é tomado não tanto como o receptáculo da alma, que a ela deve a vida e suas capacidades (portanto, como um instrumento a serviço da alma, tal como o entendia Sócrates), mas muito mais como "túmulo" e "prisão" da alma, ou seja, como lugar de expiação da alma. Leiamos o *Górgias*:

_{Alma e corpo}

> E não me espantaria se Eurípedes afirmasse a verdade quando diz "Quem pode saber se o viver não é morrer

e o morrer não é viver?" e que nós, em verdade, talvez estejamos mortos. Já ouvi dizer, com efeito, também de homens sábios, que nós, agora, estamos mortos e que o corpo é para nós um túmulo (492e).

O corpo, prisão da alma

Na medida em que temos um corpo, diz Platão, estamos "mortos", pois somos fundamentalmente nossa alma, e a alma, na medida em que está num corpo, é como uma tumba, portanto, mortificada. O nosso morrer (com o corpo) é viver; morrendo o corpo, a alma é libertada de sua prisão. O corpo é a raiz de todos os males, é fonte de amores insanos, paixões, inimizades, discórdias, ignorância e loucura: é precisamente tudo isso que mortifica a alma. Essa concepção negativa do corpo atenua-se muito nas últimas obras de Platão, mas nunca desaparece totalmente.

Dito isso, é necessário, por outro lado, destacar que a ética platônica é apenas em parte condicionada por esse exasperado dualismo; com efeito, seus teoremas e o corolário de fundo apoiam-se mais sobre a distinção metafísica de alma (ente afim ao inteligível) e corpo (ente sensível), do que sobre a contraposição do orfismo entre alma (dêmone) e corpo (túmulo e prisão). Desta derivam formulação extremista e a exasperação paradoxal de alguns princípios que permanecem, de qualquer forma, válidos no contexto platônico, ainda que no puro plano ontológico. A "segunda navegação" permanece, em substância, o verdadeiro fundamento da ética platônica.

2. Fuga do corpo, fuga do mundo, assimilação a Deus

Tendo precisado tais pontos, examinemos agora os dois paradoxos mais notáveis da ética platônica, que foram com frequência subentendidos, pois foi visada mais sua coloração misteriosófica do que sua substância metafísica: aludamos aos dois paradoxos da fuga do corpo e da fuga do mundo.

O primeiro paradoxo é desenvolvido sobretudo no *Fédon*. A alma deve buscar fugir o máximo possível do corpo, por isso o verdadeiro filósofo deseja a morte e a verdadeira filosofia é "exercício da morte". O sentido desse paradoxo é muito claro. A morte é um episódio que ontologicamente diz respeito apenas ao corpo; além de não causar danos à alma, lhe traz grande benefício, permitindo-lhe viver uma vida mais verdadeira, uma vida totalmente recolhida em si mesma, sem obstáculos ou véus, inteiramente unida ao inteligível. Isso significa que a morte do corpo desvenda a verdadeira vida da alma. Portanto, o sentido do paradoxo não muda invertendo-lhe a formulação; antes, especifica-se melhor: o filósofo é aquele que deseja a verdadeira vida (morte do corpo) e a filosofia é exercício da verdadeira vida, da vida na dimensão pura do espírito. A "fuga do corpo" é a recuperação do espírito.

Fédon

A fuga do corpo

Eis como Platão esclarece no *Fédon* o sentido desse paradoxo, em uma página exemplar:

> Parece que há um caminho que nos conduz, mediante o raciocínio, diretamente à seguinte consideração: que até o momento em que possuímos o corpo e a nossa alma permanece envolta em um mal desse tipo, nunca atingiremos de modo adequado aquilo que ardente-

mente desejamos, vale dizer, a verdade. Com efeito, o corpo nos demanda inumeráveis preocupações por necessidade de sua nutrição; além disso, as doenças, quando nos acometem, impedem-nos da investigação do ser. Além do mais, está repleto de amores, de paixões, de medos, de fantasmas de todos os tipos e de muitas vaidades, de modo que, como se deve dizer, verdadeiramente, por sua culpa, não nos é possível sequer deter nosso pensamento em algo. Com efeito, guerras, tumultos e batalhas não são produtos de nada além do corpo e de suas paixões. Todas as guerras nascem por desejo de riquezas, e devemos procurar as riquezas por causa do corpo, sendo sujeitados às necessidades corpóreas. De tal modo, distanciamo-nos da filosofia por todas essas razões. E a pior de todas as coisas é que, se conseguimos obter um momento de trégua do corpo e conseguimos nos dirigir para a investigação de algo, eis que, de modo imprevisto, ele se apreende em nossas investigações e, de todos os modos, provoca perturbação e confusão e nos desvia, de modo que, por sua culpa, não podemos contemplar o verdadeiro. Mas resulta verdadeiramente claro que, se quisermos ver algo em sua pureza, devemos nos distanciar do corpo e olhar apenas com a alma as coisas em si mesmas. E somente assim, como parece, ser-nos-á dado alcançar aquilo que vivamente desejamos e do que nos dizemos amantes, vale dizer, o conhecimento supremo: isso ocorrerá quando estivermos mortos, como demonstra o raciocínio, e enquanto se vive isso não é possível. Com efeito, se não é possível nada conhecer em sua pureza mediante o corpo, das duas, uma: ou não é possível obter o saber, ou será possível somente quando se está morto, pois somente então a alma estará só por si mesma e separada do corpo, não antes. E no tempo em que estamos na vida, como parece, tanto mais nos aproximaremos do saber quanto menos tivermos relações com o corpo e comunhão com ele; senão na estrita medida em que nos seja imprescindível necessidade, e não nos deixarmos contaminar pela natureza do corpo, mas nos mantivermos puros do corpo, até quando o próprio Deus não nos tenha dele retirado. E, assim, liberados da estultice que provém do corpo, como é verossímil, nos encontraremos entre seres puros como nós e conheceremos, na pureza de nossa alma, tudo aquilo que é puro: esta talvez seja a verdade. Com efeito, "não é lícito a quem é impuro aproximar-se daquilo que é puro" (66b-67b).

O significado do segundo paradoxo, aquele da "fuga do mundo", também é claro. De resto, o próprio Platão nos mostra de modo explícito no *Teeteto* (ver a síntese nas p. 123-124), explicando que fugir do mundo significa tornar-se virtuoso e buscar assimilar-se a Deus:

A "fuga do mundo"

> Não é possível que os males desapareçam completamente — porque é uma necessidade que haja sempre algo de contraposto ao bem — nem podem estar presentes entre os deuses, mas agem na natureza mortal e neste mundo daqui. *É por isso que é necessário esforçar-se para fugir daqui o mais rápido possível. E a fuga do mundo significa assimilar-se a Deus conforme suas próprias possibilidades: e assimilar-se a Deus significa tornarmo-nos justos e santos, assim como sábios* (176a-b).

Teeteto

Essa é uma passagem que pode ser ulteriormente esclarecida, caso seja necessário, com uma passagem paralela das *Leis*:

Leis — Qual é o modo de agir de quem é amigo e seguidor do deus? Um e apenas um; aquele que se exprime naquela antiga máxima: *o semelhante é amigo do semelhante*, embora sendo conforme uma medida, pois as realidades privadas de medida não apenas não se atraem entre si, mas sequer são atraídas por aquelas dotadas de medida. *E, para nós, é deus a suma medida de todas as realidades*, muito mais do que seria o homem, tal como alguém sustentou. Ora, se alguém quiser tornar-se amigo de um ser tão sublime, é preciso que se faça similar a ele o máximo possível. E com base em tal princípio podemos bem afirmar que quem dentre nós é temperante é amigo de deus, pois lhe é semelhante, enquanto, ao contrário, quem não é temperante, com relação ao deus, é dissímile e disforme, e, por isso, injusto. E o mesmo se diga em relação a todos os outros caracteres (716c).

Assimilação a Deus — Como se vê, ambos os paradoxos têm um significado idêntico: fugir do corpo quer dizer fugir do mal do corpo mediante a virtude e o conhecimento; fugir do mundo quer dizer fugir do mal do mundo, sempre mediante a virtude e o conhecimento. Seguir a virtude e o conhecimento quer dizer tornar-se semelhante a Deus (*homóiosis to theó*), que, como é dito nas *Leis*, é "medida" de todas as coisas.

3. Purificação da alma

A alma é purificada — Já Sócrates havia posto no "cuidado da alma" a suprema tarefa moral humana. Platão retoma o mandamento socrático, mas lhe acrescenta uma coloração mística, especificando que "cuidado da alma" significa "purificação da alma". Essa purificação se realiza quando a alma, transcendendo os sentidos, apropria-se do puro mundo do inteligível e do espiritual, a ele unindo-se como àquilo que lhe é congênere ou conatural. Aqui a purificação, bem diversamente das cerimônias de iniciação dos órficos, coincide com o processo de elevação ao supremo conhecimento do inteligível. E é precisamente sobre esse valor de purificação reconhecido em relação à ciência e ao conhecimento (valor que em parte já os antigos pitagóricos haviam descoberto) que é preciso refletir para se compreender as novidades da "mística" platônica: não é contemplação estática e alógica, mas esforço catártico de investigação e de progressiva ascensão ao conhecimento. E, assim, compreende-se perfeitamente como, para Platão, o processo de conhecimento racional seja simultaneamente um processo de "con-versão" moral: com efeito, na medida em que o processo de conhecimento nos conduz do sensível ao suprassensível, converte-nos de um a outro mundo, conduz-nos da falsa à verdadeira dimensão do ser. Portanto, a alma cuida-se, purifica-se, converte-se e eleva-se "conhecendo". E nisso reside a verdadeira virtude.

> O sentido da "mística" platônica

> O processo de "con-versão"

Essa tese é exposta não apenas no *Fedro*, mas nos livros centrais da *República*: a dialética é libertação dos laços e cadeia do sensível, é "conversão" do devir ao ser, é iniciação ao bem supremo. Portanto, a esse respeito, Jaeger escreveu com exatidão: "Quando se coloca o problema, não mais do fenômeno 'conversão' como tal, mas da origem do conceito cristão de conversão, deve-se reconhecer em Platão o autor desse conceito".

4. A imortalidade da alma

Para Sócrates era suficiente compreender que a essência do ser humano é sua alma (*psychê*) para fundar uma nova moral. Portanto, não era necessário, em sua opinião, estabelecer se a alma era ou não imortal. A virtude tem seu prêmio em si mesma, assim como o vício tem o castigo em si mesmo.

A questão da imortalidade da alma é fundamental

Já para Platão a questão da imortalidade torna-se essencial: se, com a morte, o ser humano se dissolvesse totalmente no nada, a doutrina de Sócrates não bastaria para fazer frente àqueles que negam qualquer princípio moral (tais como os sofistas políticos, cujo exemplo paradigmático é Cálicles, personagem do *Górgias*). De resto, a descoberta da metafísica e a acentuação do núcleo essencial da mensagem órfica impunham a questão da imortalidade como fundamental. Bem se explica, portanto, que Platão tenha voltado a esse tema muitas vezes. De modo breve no *Mênon* e depois no *Fédon* com provas maciças, e ainda com provas posteriores de reforço na *República* e no *Fedro*.

A prova no Fédon

A prova central do *Fédon* pode ser resumida de modo abreviado da seguinte maneira. A alma humana — diz Platão — é capaz de conhecer as realidades imutáveis e eternas; mas, para poder apreendê-las, deve ter, necessariamente, uma natureza que lhes seja afim, pois, de outro modo, elas estariam fora de sua capacidade de compreensão. Portanto, como tais realidades são imutáveis e eternas, assim também a alma deve ser imutável e eterna.

A prova no Timeu

No *Timeu*, Platão especifica que as almas são geradas pelo Demiurgo com a mesma substância com a qual foi feita a alma do mundo (composta de "essência", de "identidade" e de "diversidade"). Elas têm, portanto, um nascimento, mas não estão sujeitas à morte, assim como não está sujeito à morte tudo aquilo que é diretamente produzido pelo Demiurgo.

Das várias provas fornecidas por Platão, um ponto fica estabelecido: a existência e a imortalidade da alma têm sentido unicamente se admitirmos um ser suprassensível, metaempírico, que Platão denomina de Ideia, mas que não significa, em última análise, senão isto: a alma é a dimensão inteligível, metaempírica, incorruptível, do ser humano. Com Platão o homem descobriu-se como um ser de duas dimensões. E tal aquisição será irreversível, pois também aqueles que negarem uma das duas dimensões darão à dimensão física, que creem dever manter, um significado totalmente diverso daquele que tinha quando a outra dimensão era ignorada. A alma, na qual Sócrates (superando a visão homérica e pré-socrática, bem como os aspectos irracionais da visão órfica) situava o "verdadeiro homem", identificando-a com o eu consciente, inteligente e moral, recebe com Platão a sua fundamentação ontológica e metafísica adequada, bem como uma localização precisa na visão geral da realidade.

> O homem é um ser de duas dimensões

5. A metempsicose

O destino das almas após a morte do corpo é narrado por Platão em muitos mitos e resulta muito complexo. Mas é absurdo exigir das narrativas míticas uma linearidade lógica, que só poderia provir dos diálogos dialéticos. O escopo dos mitos escatológicos é levar a crer, de diversos modos, mediante diferentes representações alusivas, algumas verdades de fundo que não podem

> Destino das almas após a morte e metempsicose

ser resolvidas com o puro *logos*; ainda que não contraditas e mesmo parcialmente por ele corroboradas.

Para se ter uma ideia precisa acerca do destino das almas após a morte, é preciso, em primeiro lugar, esclarecer a concepção platônica da "metempsicose". Como sabemos, a metempsicose é a doutrina que indica a transmigração da alma em vários corpos, portanto, seu "renascimento" em diferentes formas de seres viventes. Platão a retoma dos órficos, mas a amplifica de vários modos, apresentando-a fundamentalmente em duas formas complementares.

Fédon

A primeira forma é aquela apresentada de modo mais detalhado no *Fédon*. Aqui é dito que as almas que viveram uma vida excessivamente ligada aos corpos, às paixões, a seus amores e gozos, não conseguem separar-se, com a morte, inteiramente do corpóreo, tendo a ele se tornado conaturais. Essas almas, por um certo tempo, vagam em torno dos sepulcros como fantasmas, por medo do Hades, até que, atraídas pelo desejo do corpóreo, não se associam novamente nem a corpos de seres humanos, nem a de animais, conforme a baixeza do teor da vida moral conduzida na vida precedente. Ao contrário, aquelas almas que viveram conforme a virtude, não a filosófica, mas a comum, reencarnam-se em animais mansos e sociáveis, ou ainda em homens probos. Mas, como escreve Platão, "não é concedido alcançar a estirpe dos deuses senão a quem tenha cultivado a filosofia e tenha se purificado completamente do corpo, sendo concedido somente a quem foi amante do saber".

República

Na *República*, Platão fala de um segundo gênero de reencarnação da alma, notavelmente diferente deste. Há um número limitado de almas, de modo que, se no além todas tivessem um prêmio ou um castigo eterno, em certo momento não haveria mais nenhuma delas sobre a terra. Por esse evidente motivo, Platão considera que o prêmio e o castigo ultraterrenos para uma vida vivida sobre a terra devem ter uma duração limitada e um término fixo. E na medida em que uma vida terrena dura no máximo cem anos, Platão, evidentemente influenciado pela mística pitagórica do número dez, considera que a vida ultraterrena deve ter uma duração de dez vezes cem anos, ou seja, de mil anos (para as almas que cometeram crimes enormes e insanáveis, as punições continuam ainda além do milésimo ano). Transcorrido esse ciclo, as almas devem voltar a se encarnar. Ideias análogas emergem do mito do *Fedro* (embora com diferenças nas modalidades e nos ciclos de tempo), das quais resulta que as almas recaem de modo cíclico nos corpos e depois ascendem ao céu. Encontramo-nos aqui, portanto, diante de um ciclo "individual" de reencarnação, ligado ao percurso do indivíduo, e a um ciclo "cósmico", que é o ciclo milenar. Precisamente a este referem-se dois mitos célebres: o mito de Er, contido na *República*, e o da parelha alada, contido no *Fedro*, que agora examinaremos.

Fedro

6. O mito de Er

No célebre mito de Er, com o qual se conclui a *República*, narra-se o retorno das almas a este mundo. Terminada sua viagem milenar, as almas chegam a uma planície onde será determinado seu destino futuro. E a esse respeito Platão opera uma verdadeira revolução em relação à tradicional crença grega segundo a qual seriam os deuses e a Necessidade que decidem o des-

República

O ser humano é livre para escolher como viver

tino do ser humano. Os "paradigmas de vida", diz ao contrário Platão, estão no colo da Moira Láquesis, filha da Necessidade; mas eles não são impostos, embora sejam propostos às almas, e a escolha é inteiramente entregue à liberdade das próprias almas.

O homem não é livre para escolher viver ou não viver, mas é livre para escolher como viver moralmente, ou seja, viver conforme a virtude ou conforme o vício:

> E contou Er como chegaram àquele lugar onde deviam apresentar-se à Láquesis. Aqui um intérprete do Deus primeiramente os dispõe em ordem e, depois, tendo recolhido dos joelhos de Láquesis as sortes e os paradigmas das vidas, subindo num tablado, falou deste modo: "Palavras da virgem Láquesis, filha da Necessidade. Almas ancestrais, eis que chegastes ao início de um outro ciclo de vida do gênero mortal, o qual se conclui com a morte. Não será o dêmone que vos escolherá, mas vós ao dêmone. O primeiro grupo escolherá por primeiro a vida à qual estará ligado por necessidade. A virtude não tem senhor; quanto mais cada um de vós a honrar, tanto mais a terá; quanto menos a honrar, menos a terá. A responsabilidade é de quem escolhe. O Deus é isento de culpa" (X, 617d-e).

Dito isso, o profeta de Láquesis sorteia os números para estabelecer a ordem com a qual cada alma deve escolher: o número referente a cada alma é o mais próximo que lhe é sorteado. Nesse momento, o profeta estende a mão para os modelos de vida (paradigmas de todas as possibilidades humanas e também animais), em número muito superior àquele das almas presentes. O primeiro a escolher tem a sua disposição muito mais paradigmas de vida do que o último; mas isso não condiciona de modo irreparável a questão da escolha: também para o último resta a possibilidade de escolha de uma vida boa, ainda que não de uma vida ótima.

A escolha feita por cada alma é depois submetida às outras duas Moiras, Cloto e Átropo, tornando-se, assim, irreversível. As almas bebem, então, o esquecimento nas águas do rio Letes ("rio do esquecimento") e depois seguem para os corpos, nos quais realizam a vida escolhida.

Dissemos que a escolha depende da liberdade das almas, mas seria mais exato dizer do conhecimento, ou da ciência da vida boa e da vida má, isto é, da filosofia, que, para Platão, torna-se força que salva aqui e no além, para sempre. O intelectualismo ético é aqui levado a consequências extremas:

> Portanto, se alguém, chegando ao nosso mundo, dedica-se à sã filosofia, e no sorteio não esteja entre os últimos a escolher, dá-se o caso [...] que arrisque não apenas ser feliz aqui entre nós, mas também fazer a viagem desse mundo ao outro, e do outro a este não pelo caminho difícil, que passa sobre a terra, mas por aquele plano que atravessa o céu (X, 619d-e).

7. O mito da parelha alada

Platão propôs no *Fedro* uma visão do além ainda mais complexa. As razões provavelmente podem ser buscadas no fato de que nenhum dos mitos até agora examinados explica a causa da descida das almas nos corpos, a vida primordial das próprias almas e as razões de sua afinidade com o divino.

Os cavalos e o auriga

Originariamente, a alma vivia junto aos deuses e com eles possuía uma vida divina, mas decaiu num corpo terrestre por causa de sua culpa. A alma é como uma carruagem alada conduzida por um auriga e puxada por dois cavalos. Enquanto os dois cavalos dos deuses são igualmente bons, os dois cavalos das almas dos homens são de raças diferentes: um é bom, o outro, mau, e sua condução é algo difícil (o auriga simboliza a razão, os dois cavalos simbolizam as partes alógicas da alma, ou seja, a irascível e a concupiscível, acerca da qual retornaremos mais adiante; para alguns, contudo, simbolizariam os três elementos com os quais o Demiurgo no *Timeu* forjou a alma). As almas procedem na sequência dos deuses, voando pelas estradas do céu, e sua meta é atingir periodicamente, junto com os deuses, até o cume do céu, para contemplar aquilo que está além dos céus, o Hiperurânio (o mundo das Ideias) ou, como Platão também diz, a "planície da verdade". Mas, diferentemente daquilo que ocorre em relação aos deuses, é um árduo empreendimento para nossas almas a possibilidade de contemplar o Ser, que está além do céu, e poder permanecer na planície da verdade, sobretudo por causa

A queda das almas na terra

do cavalo de tipo mau, que a atrai para baixo. De tal modo, acontece que algumas almas conseguem ver o Ser ou, ao menos, uma certa parte dele, e por tal motivo continuam a viver com os deuses. Ao contrário, outras não conseguem atingir a planície da verdade; amontoam-se, criam confusão e, não conseguindo subir a trilha que conduz à parte superior do céu, desviam-se e desprezam-se; nasce, então, uma luta na qual as asas se quebram, e, tornando-se, por consequência, pesadas, tais almas precipitam-se sobre a terra.

Portanto, enquanto uma alma consegue contemplar o Ser e repousar na planície da verdade, não desce a um corpo terrestre, e, de ciclo em ciclo, continua a viver na companhia dos deuses e dos dêmones. A vida humana à qual a alma, caindo, origina, será tão moralmente mais perfeita quanto essa alma tenha mais "visto" da verdade no Hiperurânio, e moralmente menos perfeita conforme a tenha "visto" menos. Com a morte do corpo, a alma é julgada e, durante um milênio, como se afirma na *República*, goza de prêmios ou sofre penas correspondentes aos méritos ou aos deméritos da vida terrena. E, após o milésimo ano, volta a reencarnar-se. Com relação à *República*, no *Fedro* é acrescentada uma novidade. Passados dez mil anos, todas as almas recuperam as asas e retornam para junto dos deuses. As almas que por três vidas consecutivas viveram segundo a filosofia são exceção e gozam de uma sorte privilegiada, pois recuperam as asas após três mil anos. É claro, portanto, que no *Fedro* o lugar em que as almas vivem com os deuses (e para o qual retornam a cada dez mil anos) e o lugar no qual gozam o prêmio milenar por cada vida vivida são diferentes.

> No final, todas as almas recuperarão as asas e voltarão para junto dos deuses

8. Conclusões sobre a escatologia platônica

A verdade de fundo que os mitos pretendem sugerir e levar a crer é uma espécie de "fé racional". Em síntese, é a seguinte. O ser humano está de passagem pela terra e a vida terrena é como uma prova. A verdadeira vida está no além, no Hades (o invisível). E no Hades a alma é "julgada" com base apenas no critério da justiça e da injustiça, da temperança e da imode-

> Uma "fé racional"

ração, da virtude e do vício. De outro lado, os juízes do além não se preocupam: não conta se a alma foi de um rei ou de um súdito, mas contam apenas os sinais de justiça ou de injustiça que possuem. E a sorte que cabe à alma pode ser tríplice:

A tríplice sorte da alma

- se tiver vivido em plena justiça, receberá um prêmio (andará em lugares maravilhosos nas Ilhas dos bem-aventurados, ou num lugar ainda superior e indescritível);
- se tiver vivido em plena injustiça a ponto de ter se tornado incurável, receberá um castigo eterno (será precipitada no Tártaro);
- se tiver contraído apenas injustiças sanáveis, isto é, tiver vivido em parte justamente, arrependendo-se outras vezes das próprias injustiças, então, será apenas temporariamente punida (depois de expiadas as suas culpas, receberá o prêmio que merece).

Contudo, além dos conceitos de "juízo", de "prêmio" e de "castigo", transparece em todos os mitos escatológicos o conceito do significado "libertador" das dores e dos sofrimentos humanos, que, portanto, adquire um significado preciso: "O mérito advém às almas somente por meio das dores e dos sofrimentos, seja aqui na terra, seja no Hades; não é possível libertar-se da injustiça de outro modo".

E, enfim, transparece a ideia constante da força salvífica da razão e da filosofia, ou seja, da busca da visão da verdade, que salva "para sempre".

SÍNTESE DOS DIÁLOGOS
Teeteto

O *Teeteto* insere-se no grupo dos diálogos dialéticos, compostos por Platão na velhice.

O tema diz respeito à natureza da ciência. Dela são fornecidas e discutidas três definições, mas nenhuma é declarada satisfatória. O diálogo termina de modo aparentemente aporético, mas a solução emerge de modo implícito: o conhecimento deve apreender o ser das coisas e, portanto, basear-se na teoria platônica das Ideias, à qual, no entanto, faz-se apenas alusão.

A primeira definição que é apresentada e discutida é que a ciência se reduz à sensação (151d-186e). Trata-se de uma doutrina que estruturalmente se conecta com a doutrina de Protágoras, para quem o homem é a medida de todas as coisas, e com a doutrina heraclítica do devir universal. Com tais doutrinas recai-se no relativismo: "Aquilo que agrada a cada um, isto também é" (161c).

A segunda definição é que a ciência é opinião (178a-201c). Da discussão acerca disso emerge a impossibilidade de definir a verdadeira e a falsa opinião antes de ter estabelecido o que é a ciência.

A terceira definição é que a ciência consiste na opinião verdadeira acompanhada de explicação (201c-210b). Essa definição poderia, no entanto, de fato prevalecer, mas com base na teoria das Ideias, que Platão não apresenta aqui.

O diálogo contém, além disso, duas digressões que se tornaram célebres: a apresentação da arte maiêutica de Sócrates (148e-151d) e a caracterização do ideal do filósofo como assimilação a Deus (172c-177c).

APROFUNDAMENTO
Dialética e assimilação a Deus

A dialética no sentido ontológico e gnoseológico

Platão identificou o filósofo com o dialético, definindo o dialético como aquele que é capaz de ver o todo, vale dizer, de reunir a pluralidade na unidade, o múltiplo no uno.

Propriamente o conceito de dialética teve muitos desenvolvimentos consideráveis na história do pensamento ocidental, os quais se estendem muito além dos horizontes de Platão, sobretudo com Hegel (e com pensadores dele dependentes de vários modos), tendo pressupostos e precedentes em Platão.

De fato, a dialética tem sua origem no âmbito do pensamento eleático, sobretudo com Zenão, mas no âmbito do pensamento antigo atinge seus vértices em Platão. Aristóteles a reduzirá pela óptica de sua lógica, mas ela retomará maior fôlego com os neoplatônicos, com interessantes e muito conspícuos desenvolvimentos, porém não com a grandiosa e paradigmática linearidade e a essencialidade que encontra em Platão.

Além das diferentes interpretações que podem ser dadas da dialética platônica, emerge sua fisionomia precisa como fundada propriamente sobre Princípios primeiros e supremos e sobre a consequente estrutura bipolar do real, ou seja, aquele procedimento cognitivo sinótico que é capaz de apreender o múltiplo (*tà pollá*) no uno (*hen*) e, paralelamente, de decompor o uno em muitos, mediante o procedimento diairético, uma articulação e uma escansão das Ideias mais gerais naquelas particulares, como anteriormente explicamos e documentamos.

A dialética, com o procedimento sinótico e com o diairético, torna-se verdadeiramente, para Platão, a cifra suprema do pensar e o fundamento de qualquer capacidade e potência de operar, e, nesse sentido, também a característica essencial do intelecto divino e de seu operar.

A concepção ético-religiosa de assimilação a Deus

É precisamente nesse sentido que a assimilação a Deus (*homóiosis to theó*), ou seja, "fazer-se semelhante a Deus na medida do possível ao homem" (*eis hóson dynatòn anthrópo homoioústhai theó*), do qual fala Platão — e à qual muitos fizeram referência em todos os tempos, de várias ópticas — deve ser tomada.

Portanto, para Platão, imitar a Deus significa adquirir o conhecimento e a capacidade de "realizar a unidade-na-multiplicidade", que é aquele conhecimento e aquela capacidade que Deus possui de modo paradigmático.

É esse ganho da unidade no conhecimento, em potência e em atividade, a linha de força mais significativa de todo o pensamento platônico, em todos os seus componentes: metafísicos, gnoseológicos, ético-religiosos e políticos.

Em suma, imitar a Deus é atingir como ele o conhecimento de qual é a medida de todas as coisas, e, sempre como ele, levá-lo praticamente ao ato em todas as coisas.

Capítulo VI
O ESTADO (*POLITEIA*) IDEAL

1. A *República* platônica

Platão faz Sócrates pronunciar, no *Górgias*, estas palavras: "Creio ser daqueles poucos atenienses, para não dizer o único, que busca a verdadeira arte política, e o único dentre os contemporâneos que a exercita" (521d). A "verdadeira arte política" é a arte que "cuida da alma" e a torna "virtuosa" o máximo possível, sendo, por isso, a arte do filósofo. Portanto, a tese que do *Górgias* em diante Platão amadureceu e expressou de modo temático na *República* (ver a síntese nas p. 137-138) é precisamente a temática da coincidência da verdadeira filosofia com a verdadeira política. Somente se o político torna-se "filósofo" (ou vice-versa) pode constituir a verdadeira cidade, ou seja, o Estado fundado nos valores supremos da justiça e do bem. É claro, no entanto, que essas teses resultam plenamente inteligíveis somente se seu sentido histórico é recuperado, e, em particular, são recuperadas algumas concepções especificamente gregas:

_{Filosofia e política}

_{*República*: a verdadeira política e a verdadeira filosofia coincidem}

- o antigo sentido da filosofia como "conhecimento do todo" (das razões supremas de todas as coisas);
- o sentido da redução da essência do ser humano à sua "alma" (*psyché*);
- a coincidência entre indivíduo e cidadão;
- a cidade-estado como horizonte de todos os valores morais e como única forma possível de sociedade.

Somente tendo tais elementos presentes pode-se entender a estrutura da *República*, que é a obra-prima de Platão e quase a *summa* do pensamento de nosso filósofo, ao menos naquilo que escreveu. Construir a cidade quer dizer conhecer o ser humano e seu lugar no universo. Com efeito, diz Platão, o Estado não é senão nossa alma em grandes dimensões, uma espécie de gigantografia que reproduz em grandes dimensões aquilo que há em nossa *psyché*. E a questão central da natureza da "justiça", que constitui o eixo em torno do qual giram os outros temas, recebe uma resposta adequada, propriamente observando como nasce (ou se corrompe) uma cidade perfeita.

Porque nasce um Estado (Politeia) e as três classes que o constituem

Um Estado (*Politeia*) surge porque nenhum de nós é "autárquico", ou seja, o homem não se basta a si mesmo, e tem necessidade dos serviços de muitos outros homens e também:

- de todos aqueles que são provedores das necessidades materiais (alimentos, vestes, habitações);
- de alguns homens dedicados à custódia e à defesa da cidade;
- de alguns homens que saibam governar de maneira adequada.

A cidade tem, portanto, necessidade de três classes sociais:

- a dos camponeses, artesãos e comerciantes;
- a dos guardiões;
- a dos governantes.

A primeira classe é constituída daqueles indivíduos nos quais prevalece o aspecto "concupiscível" da alma, que é o aspecto mais elementar. Essa classe social é boa quando nela predomina a virtude da "temperança", que é uma espécie de ordem, de domínio e de disciplina dos prazeres e dos desejos, e é também a virtude da capacidade de submeter-se às classes superiores de modo conveniente. As riquezas e os bens, que são administrados exclusivamente por essa classe, não deverão ser nem abundantes nem escassos.

<small>A primeira classe</small>

A segunda classe é constituída de homens em que prevalece a força "irascível" (volitiva) da alma, isto é, de homens que se assemelham a cães de boa raça, ou seja, simultaneamente dotados de mansidão e ferocidade. A virtude dessa classe social deve ser a da "fortaleza" ou da "coragem". Os guardiões deverão vigiar, além daqueles perigos que possam vir do exterior, aqueles que podem vir do interior da cidade. Por exemplo, deverão evitar que na primeira classe se produza muita riqueza (que gera ócio, luxo, gosto indiscriminado pela novidade), ou ainda muita pobreza (que gera os vícios opostos). Além disso, deverão agir de modo que o Estado não cresça nem diminua muito. Deverão também cuidar para que as tarefas confiadas aos cidadãos sejam aquelas correspondentes às suas naturezas e que seja dada a cada um a educação conveniente.

<small>A segunda classe</small>

Os governantes, enfim, deverão ser aqueles que sabem amar a cidade mais do que os outros e sabem cumprir sua tarefa com zelo e, sobretudo, que conse-

<small>A terceira classe</small>

guem reconhecer e contemplar o Bem. Nos governantes predomina, portanto, a alma racional, e sua virtude específica é a "sabedoria".

Sendo assim, a cidade perfeita é aquela na qual predominam a temperança na primeira classe, a fortaleza ou a coragem na segunda e a sabedoria na terceira. A justiça não é outra coisa senão a harmonia que se instaura entre essas três virtudes; quando cada cidadão e cada classe realizam as suas próprias funções da melhor maneira, fazendo aquilo que pela natureza e pela lei são chamados a fazer, de tal modo realiza-se a perfeita justiça.

As três partes da alma, seus nexos com as três classes e as virtudes cardeais

Para Platão, como vimos, o Estado é como uma alma em tamanho maiúsculo. Com efeito, em cada ser humano estão presentes as três faculdades da alma que se encontram nas três classes do Estado. Vejamos a prova. Diante dos mesmos objetos há em nós:

- uma tendência que se dirige a eles, que é o desejo;
- uma outra que, ao contrário, nos detém diante deles e domina o desejo, tratando-se da razão;
- e uma terceira tendência, que é aquela para a qual nos excitamos e inflamamos, que não é nem razão nem desejo (não é razão porque é passional, e não é desejo porque constantemente contrasta com ele, como, por exemplo, quando nos perturbamos por haver cedido ao desejo).

Portanto, como são três as classes do Estado, assim, são três as partes da alma:

- a apetitiva (*epithymetikón*);
- a irascível (*thymoeidés*);
- a racional (*loghistikón*).

A parte "irascível", por sua natureza, de modo geral está ao lado da razão, mas pode aliar-se também à parte mais baixa da alma, se distorcida por uma educação inadequada. Como consequência, haverá também uma perfeita correspondência entre as virtudes da cidade e as do indivíduo. O indivíduo é temperante quando as partes inferiores harmonizam-se com a parte superior e a obedecem; é "forte" ou "corajoso" quando a parte "irascível" da alma sabe manter com firmeza os ditames da razão através de todos os perigos; é "sábio" quando a parte racional da alma domina a verdadeira ciência daquilo que convém a todas as partes (ciência do Bem). E a "justiça" será aquela disposição da alma segundo a qual cada uma de suas partes faz aquilo que deve fazer, do modo como deve fazer.

Virtude da cidade e do indivíduo

Eis, portanto, o conceito de justiça "segundo a natureza": que "cada um faça aquilo que lhe compete fazer", os cidadãos e as classes dos cidadãos na cidade e as partes da alma na alma. A justiça existe para os de fora, em suas manifestações, somente se está presente dentro, em sua raiz, ou seja, na alma.

A justiça "segundo a natureza"

Platão deduziu, de tal modo, uma "tábua das virtudes", isto é, a tábua daquelas virtudes que posteriormente serão chamadas de "cardeais". Ela está vinculada intrinsecamente à psicologia platônica e, de modo particular, à tríplice distinção entre alma concupiscível, irascível e racional.

Contudo, a cidade perfeita deve ter uma educação perfeita. Se para a primeira classe de cidadãos não é necessária uma educação especial, porque as artes e os ofícios se aprendem facilmente com a prática, para a classe dos guardiões do Estado é indispensável uma educação acurada.

Como são educadas as três classes de cidadãos

> Poesia, música, ginástica

A cultura (poesia e música) e a ginástica serão os instrumentos mais idôneos para educar o corpo e a alma do guardião. É a antiga *paideia* helênica que Platão reforma, mas de maneira bem precisa: a poesia será purificada de tudo aquilo que é falso, a música deverá infundir coragem na guerra e espontaneidade nas obras de paz, e o escopo da ginástica deverá ser o fortalecimento daquele elemento de nossa alma do qual deriva a coragem. Para essa classe de cidadãos, Platão propõe uma "comunhão" de todos os bens, comunidade dos homens e das mulheres e, portanto, de filhos, e a abolição de qualquer propriedade de bens materiais. Deverá ser, portanto, tarefa da classe inferior, a quem é concedida a posse dos bens, prover as necessidades materiais dos guardiões. Homens e mulheres da classe dos guardiões deverão receber uma educação idêntica e realizar tarefas idênticas. Os filhos, logo subtraídos dos pais, serão cuidados e educados em lugares adequados, sem jamais os conhecerem. Essa muito audaz concepção foi proposta por Platão com a intenção de criar uma grande família na qual todos se amassem como pais, mães, filhos, irmãos, irmãs, parentes. Ele acreditava de tal modo eliminar as razões que alimentam o egoísmo e as barreiras "meu/teu". Todos deveriam dizer "é nosso". O bem privado deverá se transformar em bem comum.

> A "comunhão"

> A filosofia

A educação que Platão prevê para os governantes coincidia com o tirocínio requerido para o aprendizado da filosofia (dada a coincidência entre o verdadeiro filósofo e o verdadeiro político) e deveria durar até os 50 anos (Platão a chamava de "longa estrada"). Entre os 30 e 35 anos, deveria cumprir a tarefa mais difícil, ou seja, solidificá-las com a dialética, e dos 35 aos 50 anos, deveria haver uma retomada dos contatos com a realidade empírica (com a assunção de várias tarefas). A finalidade da educação do político-filósofo consistia em conseguir conhecer e contemplar o Bem, o "máximo conhecimento", e no plasmar-se a si mesmo conforme o Bem, para depois reproduzir o próprio Bem na realidade histórica. De tal modo, o "Bem" emerge como primeiro princípio do qual o mundo inteligível depende; Demiurgo é o gerador do cosmo físico porque é "bom"; o "Bem" emerge como fundamento da Cidade e do agir político.

> O Bem como fundamento da Cidade

Compreendem-se, portanto, as afirmações de Platão no final do livro IX da *República*, segundo as quais "pouco importa se existe ou possa existir" essa cidade; basta que cada um viva segundo suas leis, ou seja, segundo as leis do bem e da justiça. Em suma, antes de existir na realidade externa, isto é, na história, a cidade platônica realiza-se na interioridade do homem. É esta, no limite, sua verdadeira sede.

2. O *Político* e as *Leis*

Após a *República*, Platão voltou a ocupar-se expressamente da temática política sobretudo no *Político* e nas *Leis* (ver a síntese nas p. 138-140). Não reformou o projeto da *República* porque este representava um ideal, mas buscou dar forma a algumas das ideias que contribuíam para a construção de um "segundo Estado", ou seja, de um Estado que vem após o ideal, um Estado que considera sobretudo os seres humanos como efetivamente são e não apenas como deveriam ser.

> O "segundo Estado"

Na cidade ideal não existe o dilema entre dever ser soberano o governante ou a lei, porque a lei não é outra coisa senão o modo pelo qual o governante perfeito realiza na cidade o bem contemplado. Mas, no Estado real, onde muito dificilmente poderiam ser encontrados homens capazes de governar "com virtude e ciência" acima da lei, a lei deve ser soberana; portanto, é preciso elaborar constituições escritas.

Formas do Estado e suas degenerações

As constituições históricas, que são imitações da constituição ideal (ou suas corrupções), podem ser classificadas destas três formas:

- se é apenas um homem que governa e imita o político ideal, tem-se a monarquia;
- se é uma multidão de homens ricos que imitam o político ideal, tem-se a aristocracia;
- se é todo o povo que governa e busca imitar o político ideal, tem-se a democracia.

Quando essas formas de constituição se corrompem e os governantes buscam o próprio benefício e não o de todos, nascem:

1. as tiranias;
2. a oligarquia;
3. a demagogia.

Se os Estados são bem governados, a primeira forma de governo é a melhor; quando são corruptos, ao contrário, é melhor a terceira forma, pois assim a liberdade fica garantida.

A "justa medida"

Nas *Leis*, Platão recomenda, enfim, dois conceitos basilares: o de "constituição mista" e o de "igualdade proporcional". Muito poder produz o absolutismo tirânico e muita liberdade produz demagogia.

O melhor está na liberdade temperada pela autoridade na "justa medida". A verdadeira igualdade não é a do igualitarismo abstrato a todo custo, mas a "proporcional". A "justa medida" predomina de ponta a ponta nas *Leis*, e dela Platão ainda revela expressamente o fundamento, ainda uma vez especificamente teológico, afirmando que, para nós, humanos, "Deus é a medida de todas as coisas".

SÍNTESE DOS DIÁLOGOS
República, Político, Leis

República

A *República* (escrita por volta dos anos 70 do século IV a.C.) é o escrito mais revolucionário do mundo antigo.

Os pontos-chave da obra são os seguintes: (1) propõe um novo tipo de cultura e de formação espiritual fundado na filosofia, invertendo o modo tradicional da formação baseada em Homero e nos poetas; (2) apresenta o Estado ideal como tendo o escopo de reproduzir na realidade a Ideia do Bem, e explica como este se constitui sobretudo nas almas dos homens e como o Estado ideal é o reflexo daquele construído nas almas; (3) explica por quais razões esse Estado pode ser construído e dirigido apenas por filósofos; (4) explica o modo pelo qual os Estados se corrompem e como da democracia degradada em demagogia passa-se à tirania; (5) proclama a igualdade entre mulheres e homens, afirmando que as mulheres têm direito, quando possuem as qualificações necessárias, de fazer tudo aquilo que os homens fazem; (6) contém páginas metafísicas e mitos ideais e escatológicos que se tornaram pontos de referência.

No livro I é apresentada a questão da justiça, que constitui o eixo de toda a abordagem.

No livro II são tratadas as características do homem justo e do injusto, bem como suas radicais diferenças.

No livro III fala-se dos guardiões do Estado ideal e de sua formação.

No livro IV explica-se como o Estado é uma projeção da realidade física da alma.

No livro V é apresentado o grande tema dos filósofos no poder.

No livro VI aprofunda-se a discussão sobre as características dos filósofos e fala-se da Ideia do Bem como fundamento do Estado.

No livro VII apresenta-se o grande mito da caverna e se discute a educação dos filósofos, fundada na dialética.

No livro VIII comenta-se as várias formas de corrupção do Estado ideal.

No livro IX trata-se do tirano, forma extrema de corrupção.

O livro X apresenta a condenação de Homero juntamente com a poesia tradicional, e conclui-se com o grande mito escatológico de Er[1].

Político

O *Político* enquadra-se no grupo dos diálogos da velhice de Platão, sendo muito rico de conteúdos. Apresenta a princípio algumas tentativas provisórias e inadequadas de definição do homem político (258d-268d); segue-se a digressão com o mito sobre a história do cosmo (268d-269c); em seguida, são introduzidas análises de caráter conceitual (274e-275c), a fim de se obter os fundamentos teóricos da teoria da *justa medida* (283c-287b); comenta-se, então, a natureza da política e a estrutura do Estado em suas várias formas (287b-305e) para se chegar, enfim, à definição da natureza do homem político (305e-311c).

---

1. Para um aprofundamento, veja-se Platão, *Repubblica* (tradução e comentário de G. Reale e R. Radice), Milão: Bompiani, 2010 (ver referências às traduções em português na bibliografia final. [N. do T.]).

O verdadeiro político desenvolve sua ação confeccionando corretamente o tecido do Estado: "A arte régia considera os caracteres dos homens valorosos e dos homens temperantes, e, conduzindo-os à vida comunitária em concórdia e amizade, produzindo o mais suntuoso e o mais precioso de todos os tecidos, e envolvendo a todos, escravos e livres, que vivem no Estado, os mantêm juntos nessa trama. E governa e domina, sem deixar de lado absolutamente nada do que convém a um Estado feliz" (211c).

O ponto-chave do diálogo consiste na definição da *justa medida*. A arte de medir distingue-se em duas partes: (1) a de caráter quantitativo e matemático e (2) a de caráter axiológico, que estabelece qual é a justa medida entre os extremos para se alcançar o que é conveniente e oportuno. A arte do político para reger o Estado de modo adequado deve se basear nesse tipo de medida.

Leis

As *Leis* compõem a última obra escrita de Platão, que foi publicada somente após sua morte por seu discípulo Filipe de Opunte, que a dividiu em doze livros.

A obra contém não poucas páginas desprovidas de interesse nas quais Platão (que então assume a máscara de um ateniense anônimo) ocupa-se de elementos particulares que hoje não são atrativos. O escrito tem finalidades sobretudo práticas, e aquilo que se diz em muitos pontos não constitui a *summa* das instâncias políticas ideais de Platão, mas apenas a *summa* daquilo que naquelas instâncias Platão julgava concretamente realizáveis. Todavia, contém algumas páginas de extraordinária profundidade e beleza.

O conceito mais importante é o seguinte. Dentre os dois gêneros fundamentais de constituição, "um pode se chamar de *monarquia*; o outro, de *democracia*. E o protótipo do primeiro gênero é a constituição dos persas, enquanto o protótipo do segundo é nosso modelo de constituição. [...] As outras formas de governo, quase completamente, são variações destas. Ora, *se se pretende salvaguardar a liberdade e a concórdia juntamente com a sabedoria, é absolutamente necessário que o Estado tenha parte em ambas as formas.* [...] Uma sociedade preferiu a forma monárquica, a outra escolheu a liberdade; ambas, no entanto, ultrapassaram o limite, de modo que *nenhuma soube manter a justa medida*" [a monarquia tornou-se tirania, a democracia tornou-se demagogia] (III, 693d-e).

A "justa medida" — que inspira todo o diálogo — encontra uma expressão emblemática na afirmação segundo a qual não é o homem como tal (como pensava o sofista Protágoras), mas "Deus é a Medida de todas as coisas" (IV, 716d).

Deus é a "medida de todas as coisas" porque possui a ciência e a capacidade de *retirar o uno do múltiplo e de reintroduzir o múltiplo no uno* (e, de tal modo, realizar a ordem na desordem). Platão reitera com clareza que o governo divino do mundo plasmou "muitas coisas de uma e, de muitas, uma" (leia-se a passagem inteira de X, 902d-904d). E assim o homem também deveria fazer.

APROFUNDAMENTO
A *República* de Platão

A *República* é a obra de Platão mais rica de conteúdo, mas não é fácil compreendê-la se ao longo da leitura não a considerarmos de modo adequado.

O título condiciona o leitor que, à primeira vista, esperaria um tratado de política. Mas, na *República*, Platão trata muito menos de questões estritamente políticas do que de outros temas, e em mais de dois terços da obra trata da natureza do ser humano e de sua educação e formação espiritual, bem como da essência da justiça e do ser justo.

A *República* é uma grande obra sobre a educação do homem e de sua alma

Para Platão, o Estado é a alma humana ampliada, e a abordagem do Estado tem como finalidade alcançar o conhecimento da alma humana.

Werner Jaeger destacou esse aspecto quando afirmou que "O interesse primordial de Platão não é teórico, mas prático: é o interesse do formador de almas. A formação das almas é a leva que seu Sócrates adotará para mover toda a roda do Estado. O significado do Estado, desvelado por Platão em sua obra capital, não é diferente daquele que nos faziam esperar os diálogos precedentes, o *Protágoras* e o *Górgias*. Ele é educação, na parte essencial, e mais elevada, de sua natureza. [...] Platão esclarece, com sua abordagem filosófica, como a comunidade estatal é uma das condições permanentes para a *paideia* do homem grego"[1].

Alguns estudiosos, por sua vez, lamentaram o fato de que na *República* fala-se muito de "educação". E a resposta dada por Jaeger é a seguinte: "Tanto quanto se poderia dizer que a Bíblia é, sim, um livro genial, mas que nela fala-se muito de Deus"[2].

O primeiro conceito revolucionário da *República*: o Estado ideal é aquele que é realizado na alma humana

O Estado ideal e o ser humano que lhe é correspondente são ambos caracterizados pelo predomínio da razão que conheceu a Ideia do Bem: sua finalidade é realizá-la, porque é nisso que consiste a justiça em seu mais alto grau.

Essa função do Bem predomina não apenas nos capítulos sobre o Estado, mas também, mediatamente, na classe dos guardiões-guerreiros, na medida em que regula a alma irascível mediante a virtude da coragem, e na classe inferior, na medida em que regula a alma concupiscível mediante a virtude da temperança. Esse é o Estado sadio e, como tal, feliz.

A felicidade não pode consistir senão na forma mais elevada de prazer, que é aquela da parte racional da alma. Tal prazer é também o mais verdadeiro (melhor, o único verdadeiro), porque o objeto que o determina é o objeto mais verdadeiro, o ser e o eterno contemplados pela alma.

---

1. *Paideia*, Milão, Bompiani, 2001, p. 1.030. [Cf. edição em português na bibliografia final (N. do T.)].
2. Ibid., 1031.

A vida filosófica no Estado ideal é a vitória do elemento divino sobre o elemento bestial que está no homem, é *a construção do homem divino* (IX, 589-590d-c).

Portanto, a vida conduzida segundo a política do Estado ideal garante a felicidade aqui e no além, em vida e após a morte, ou seja, sempre. O grandioso mito escatológico de Er, que conclui a *República*, dirige, assim, o sentido último da política platônica: *a verdadeira política é aquela que nos salva não apenas no tempo, mas na eternidade* (X, 618c ss.).

Ainda que historicamente o Estado perfeito realizado não exista e provavelmente nunca vá existir, é, todavia, realizável no "interior do homem", vale dizer, em sua alma. Portanto, se o verdadeiro Estado não existe "fora de nós", podemos, contudo, construí-lo "em nós mesmos", realizando em nosso íntimo a verdadeira política.

Leiamos a página na qual Platão exprime este sublime conceito com toda a clareza:

— Então, não convém que o homem de bom senso deva viver com todas as suas energias voltadas principalmente para honrar aquele certo tipo de estudo que aperfeiçoa sua alma e descuida da dos outros?
— É evidente — responde.
— E, além disso — prossegui —, o homem de bom senso não orientará sua vida confiando a responsabilidade da nutrição e do comportamento de seu corpo a um prazer bestial e privado de razão, nem sequer terá em vista a saúde, nem sobrevalorizará o fato de ser vigoroso, são e belo, se disso não for acompanhado também um incremento da temperança. Tanto mais, ele se voltará sempre à tarefa de dispor a harmonia do corpo de acordo com aquela da alma a fim de obter uma única consonância.
— É assim — concorda —, se aspira ser um autêntico músico.
— Logo — retomei —, tal equilíbrio e tal consonância não deverá ser seguido também na busca das riquezas? E parece-te que, deixando-se condicionar por aquilo que a multidão considera como fortuna, quererá aumentar ao infinito a consistência desses bens, para depois obter outros tantos males?

— Não o creio — responde.

— Mas — continuei —, *fixando a atenção na constituição que há em seu íntimo*, e cuidando para nela não criar desequilíbrios por excesso ou falta de bens, seguirá uma conduta que lhe permita ganhar ou gastar dinheiro de acordo com suas possibilidades.

— É assim — disse.

— Mas também, no que concerne aos cargos honoríficos, o homem de bom senso, seguindo o mesmo critério, assumirá alguns, tendo gosto por eles; e serão aqueles que julgará capazes de torná-lo melhor; outros, ao contrário, e precisamente aqueles que podem comprometer o equilíbrio que nele se instaurou, os evitará tanto no domínio público quanto no privado.

— E então — observou —, se esses são seus interesses, não quererá mais ocupar-se de política.

— Corpo de um cão! — exclamei. — *Se lançará, parece-me, na vida política, mas em sua cidade interior*. E, ao contrário, provavelmente buscará não ocupar-se com a pátria, a menos que haja uma sorte divina.

— Compreendo — disse —, *entendes falar daquela cidade que há pouco descrevemos, e que existe em nossos discursos, e que duvido que possa existir em qualquer lugar da terra*.

— *Mas, talvez* — observei —, *seu paradigma encontre-se no céu, à disposição de quem deseje contemplá-lo e, contemplando-o, nele fixar sua morada. Não importa se tal cidade existe ou possa existir no futuro, pois poderia ocupar-se somente dessa cidade e de nenhuma outra*.

— É natural — disse. (IX, 591c-592b)

A *República* como manifesto revolucionário do novo tipo de educação espiritual

Platão dirige um grande ataque e uma inversão sistemática em relação à cultura da oralidade poético-mimética e de sua estrutura e de seus fundamentos — dos quais falamos anteriormente — e introduz novas estruturas e fundamentos do pensamento conceitual e da educação por este requerida.

Os educadores e formadores da alma dos gregos agora não deverão mais ser os poetas, mas os filósofos.

A teoria das Ideias torna-se, em consequência, "uma necessidade histórica", como disse com exatidão Havelock. Mediante ela, o pensamento por imagens, próprio da cultura da oralidade poético-mimética, substitui-se por um pensamento conceitual, visto que a teoria anterior não podia fundar-se sobre a nova forma de cultura, criada pela alfabetização. Era, portanto, a evolução geral da civilização grega, conexa com a passagem da oralidade à escrita, "que devia tornar o platonismo inevitável".

Havelock escreve: "Aqui se assume a posição de acusação da tradição helênica e de seu sistema educativo. Os principais testemunhos citados para sustentar esse tipo de moralidade crepuscular são os poetas. Homero e Hesíodo são nominados e citados, juntamente com outros. Pareceria, assim, que a *República* apresenta um problema que não é filosófico no sentido específico do termo, mas muito mais social e cultural, pois questiona a tradição helênica enquanto tal e os fundamentos sobre os quais esta se constitui. De vital importância para essa tradição é a condição e a qualidade da educação helênica. No centro do problema platônico está o processo, qualquer que seja, mediante o qual são formadas as mentes e as opiniões dos jovens".

A grande tese revolucionária da igualdade entre as mulheres e os homens e de suas funções

A tese de que a classe dos guardiões do Estado deve "ter tudo em comum" e, portanto, além das habitações e da mesa, também as mulheres, os filhos, a criação e a educação da prole, comporta uma série de consequências de notável dimensão.

Uma primeira consequência que Platão exclui é aquela de confiar às mulheres dos guardiões as mesmas tarefas que eram confiadas aos homens, e, portanto, propor educar as mulheres mediante a mesma *paideia* gimnomusical com a qual eram educados os homens.

A reforma proposta por Platão é sumamente revolucionária para sua época, dado que, em geral, o mundo grego relegava as mulheres apenas ao âmbito dos limites domésticos: eram-lhes confiadas a administração da casa e a criação da prole, e elas eram mantidas longe das atividades de cultura, em particular, daquelas de ginástica, das bélicas e políticas.

Eis o raciocínio com base no qual Platão opera a inversão conceitual do papel da mulher grega:

> — Então, caro amigo, não há nenhuma função pública que seja reservada à mulher enquanto mulher e ao homem enquanto homem, mas aos dois sexos a natureza distribuiu igualmente as aptidões, e também a mulher, propriamente por sua natureza, pode desenvolver todas as tarefas que o homem desenvolve, exceto pelo fato de que em algumas ela se mostra menos forte que o homem.
> — Seguramente.
> — E então faremos os homens fazerem tudo e as mulheres nada?
> — Como?
> — Pode-se afirmar, parece-me, que, dentre as mulheres, uma pode ter aptidão para a medicina e outra não, e pode haver mulheres por natureza dotadas para a música e outras não.
> — Pode-se negar?
> — E não poderá ser uma mulher uma amante do atletismo e da guerra e outra, avessa a um dos dois?
> — Bem o creio.
> — E amante do saber, e avessa ao saber? Pávida e impávida?
> — Também isso.
> — E, por consequência, haverá também uma mulher capaz de fazer a guarda e uma outra que não é capaz. E, de resto, não selecionamos a mesma predisposição natural também no caso dos homens destinados a tornar-se guardiões?
> — Sim, a mesma.
> — E as mulheres têm a mesma aptidão para defender o Estado que os homens, exceto por terem menos vigor e os homens mais (V, 455d-456a).

Se é assim, tal disposição idêntica que, por natureza, há na mulher e no homem será plasmada e desenvolvida de modo idêntico. As mulheres se exercitarão nuas nos ginásios, cingidas de virtude mais que de vestes: e, sem se ocupar de outras coisas, tomarão parte na guarda do Estado e também na guerra, como os homens. Apenas se terá o cuidado de confiar a elas tarefas menos pesadas, considerando seu menor vigor físico com relação aos homens.

E há mais: as mulheres poderão se tornar não apenas guardiãs do Estado como os homens, mas também regentes e governantes do Estado:

— Governantes verdadeiramente belos — disse ele —, caro Sócrates, nos plasmaste, como faria um escultor.
— E também as governantes — disse eu —, caro Gláucon. Com efeito, não creia que aquilo que disse o tenha dito em relação aos homens mais que em relação às mulheres, quando ao menos nascem adaptadas pela índole.
— E é justo — disse — se devem ter tudo em comum com os homens, como vimos. (VII, 540c)

Essa é a reavaliação da mulher mais radical e mais audaz que foi feita na Antiguidade. Ainda no final do século XIX e no início do século XX, pensava-se que isso seria uma utopia que provavelmente não se realizaria. Hoje, ao contrário, realizou-se exatamente aquilo que Platão dizia há 2.500 anos.

A definição do Bem por imagens dada por Platão na *República*, mas com alusões precisas à sua essência

Muitas vezes, causou espanto o fato de que Platão não tenha dado uma definição do Bem na *República*, visto que ele constitui o próprio fundamento do Estado ideal. Em verdade, Platão diz possuir a definição do Bem, mas não querer comunicá-la aqui por escrito, dele fornecendo, portanto, uma imagem (a imagem do Sol), e, por isso, não deve pagar a conta que deveria ser paga, mas expor apenas seus interesses.

A definição da essência do Bem que deveria fornecer é aquela que foi exposta nas suas lições no interior da Academia, intituladas com a significativa expressão *Sobre o bem*.

Sabemos por intermédio dos discípulos que tal definição devia ser a seguinte: o Bem é o Uno, medida suprema de todas as coisas. Mas Platão alude a tal definição de modo indireto em vários diálogos. No *Filebo*, último diálogo dialético, situou a medida no vértice de todos os valores. E Aristóteles, em um diálogo perdido, reporta esta definição: "O Bem é a exata medida de todas as coisas".

O Uno do qual fala Platão não é a unidade numérica, mas o princípio que determina, fornece ordem, medida e proporção a todas as coisas, agindo sobre o princípio antitético, que é indeterminado, informe e privado de medida. O princípio antitético ao Uno era chamado nas doutrinas não escritas de "díade indefinida do grande e do pequeno", que é a fonte da qual derivam o "demasiado" e o "muito pouco", e a multiplicidade desordenada em todos os níveis. O Bem age propriamente sobre tal princípio antitético, trazendo a medida ao demasiado e ao muito pouco, ordem à desordem, unificação na multiplicidade caótica e, portanto, realiza o ser e o valor das coisas em todos os níveis.

O Estado perfeito, que realiza o Bem, seria, portanto, aquele que sabe criar unidade da multiplicidade e domina as divisões, na medida em que o bem supremo é exatamente a unidade e o mal supremo é a não composta e desordenada divisão.

De modo surpreendente, Platão nos diz isso de modo transversal.

No livro IV (422e-423b), ou seja, em uma posição deliberadamente distanciada com relação aos livros centrais nos quais se deveria definir o bem, Platão diz que a fonte dos males de uma cidade está exatamente na divisão diádica, na cisão em dois, que a dispersa em uma multiplicidade desordenada, rompendo-lhe a unidade.

E no livro V isso é dito de maneira ainda mais explícita, remetendo-se aos dois Princípios primeiros e supremos, e tal afirmação, porque posta claramente fora de lugar, no jogo dramático do diálogo, escapa ao leitor não preparado:

> Não é este, então, o ponto do qual devemos começar a fim de estarmos em acordo, ou seja, perguntar qual é o máximo Bem para a ordenação da Cidade, ao qual o legislador deve mirar ao elaborar as leis, e qual é o máximo Mal e, portanto, ver se aquilo do que agora é tratado está em acordo com o signo do Bem e não com o do Mal. [...] E poderemos ter um mal maior na Cidade do que aquilo que a divide e que, ao invés de uma, faz muitas? Um Bem maior do que aquilo que a reúne e a torna una? (V, 462a-b).

Trata-se de uma mensagem de extraordinária atualidade não apenas para o homem antigo, mas também para o homem contemporâneo, que fragmenta várias formas de unidade e tende a dar prioridade não ao princípio supremo da unidade, mas à díade ou à divisão.

Capítulo VII
CONCLUSÕES

1. O mito da caverna

O célebre mito da caverna situa-se no centro da *República*. O mito foi aos poucos visto como símbolo da metafísica, da gnoseologia e da dialética, mas também da ética e da mística platônicas: é o mito que exprime Platão em sua integridade e, com ele, portanto, concluímos a exposição de seu pensamento.

República

Imaginemos homens que vivem numa habitação subterrânea, em uma caverna que tem a entrada aberta à luz em toda a sua extensão, com uma longa rampa de acesso. Imaginemos que os habitantes dessa caverna estejam presos pelas pernas e pelo pescoço de modo que não possam girar, podendo olhar somente para o fundo da caverna. Imaginemos, em seguida, que fora da caverna haja um pequeno muro com a altura média de um homem e que atrás dele (portanto, inteiramente cobertos pelo muro) movam-se homens que carregam nas costas estátuas e objetos talhados em

A caverna e seus habitantes

pedra, madeira e outros materiais, representando todos os tipos de coisas. Imaginemos, ainda, que atrás desses homens arda uma grande fogueira e que, no alto, brilhe o sol. Por fim, imaginemos que a caverna tenha um eco e que os homens que passam do outro lado do muro falem entre si, de modo que do fundo da caverna suas vozes sejam ouvidas, reproduzindo-se pelo efeito do eco. Portanto, se assim fosse, aqueles prisioneiros não poderiam ver outra coisa senão as sombras das estatuetas que se projetam no fundo da caverna, e ouviriam o eco das vozes; acreditariam, não tendo jamais visto algo diferente, que aquelas sombras fossem a única e verdadeira realidade, crendo também que as vozes do eco fossem as vozes produzidas pelas sombras. Ora, suponhamos que um desses prisioneiros consiga, com grande esforço, libertar-se das amarras; com esforço, conseguiria habituar-se à nova visão que lhe apareceria; e, habituando-se, veria as estatuetas movendo-se sobre o muro, e compreenderia que são muito mais verdadeiras do que antes via e que agora lhe aparecem como sombras. E suponhamos que alguém traga nosso prisioneiro para fora da caverna, para o outro lado do muro. A princípio, este ficaria ferido pela grande luz; em seguida, habituando-se, aprenderia a ver as próprias coisas, antes em suas sombras e reflexos na água, depois, as veria em si mesmas, e, enfim, veria o Sol, compreendendo que apenas essas são as realidades verdadeiras e que o Sol é a própria causa de todas as outras coisas.

Uma nova visão

2. Os quatro significados do mito da caverna

O que o mito simboliza?

Antes de tudo, os vários graus ontológicos da realidade, isto é, os gêneros do ser sensível e suprassensível, com suas subdivisões: as sombras da caverna são as meras aparências sensíveis das coisas, as estátuas são as coisas sensíveis; o muro é o divisor que separa as coisas sensíveis das suprassensíveis; no outro lado do muro as coisas sensíveis simbolizam o verdadeiro ser e as Ideias, e o Sol simboliza a Ideia do Bem.

Os graus ontológicos da realidade

Em segundo lugar, o mito simboliza os graus do conhecimento em suas duas espécies e seus dois níveis: a visão das sombras simboliza a *eikasía*, ou imaginação, e a visão das estátuas simboliza a *pistis*, ou crença; a passagem da visão das estátuas à visão dos objetos verdadeiros e a visão do Sol, antes mediada, depois imediata, representam a dialética em seus vários graus e a pura intelecção.

Os graus do conhecimento

Em terceiro lugar, o mito da caverna simboliza também o aspecto ascético, místico e teológico do platonismo: a vida na dimensão dos sentidos e do sensível é a vida na caverna, assim como a vida na dimensão do espírito é a vida na pura luz; o voltar-se do sensível ao inteligível é expressamente representado como "libertação das amarras", como con-versão; e a visão suprema do Sol e da luz em si é a visão do Bem e contemplação do Divino.

O aspecto teológico

O mito da caverna exprime ainda a concepção política especificamente platônica: Platão fala, em efeito, também de um "retorno" à caverna daquele que havia se libertado das cadeias, de um retorno que tem

A concepção política

como finalidade a libertação das cadeias daqueles em companhia dos quais ele era antes escravo. Esse é indubitavelmente o retorno do filósofo-político, o qual, se dependesse apenas de seu desejo, permaneceria contemplando o verdadeiro, mas, ao contrário, superando seu desejo, desce para buscar salvar também os outros (o verdadeiro político, para Platão, não ama o comando e o poder, mas usa o comando e o poder como serviço, para fazer o bem). Mas, quem desce novamente, o que não poderá compreender? Ele, passando da luz à sombra, não verá mais senão após ter novamente se habituado ao escuro; se fatigará para readaptar-se aos velhos usos dos prisioneiros, arriscando-se a não ser compreendido por eles, e, preso por muitos, poderá finalmente correr o risco de ser morto: como ocorreu com Sócrates, e como poderia ocorrer a cada testemunho na dimensão socrática.

Contudo, aquele que "viu" o verdadeiro Bem deverá e saberá correr esse "risco", que é aquilo que dá sentido à sua existência.

Capítulo VIII
A ACADEMIA PLATÔNICA E OS SUCESSORES DE PLATÃO

1. Finalidade da Academia

A fundação da Escola de Platão ocorre logo após o ano 388 a.C. e marca um evento memorável, pois na Grécia, antes disso, não havia instituições desse gênero. Talvez o filósofo, para obter o reconhecimento jurídico da Academia, a tenha apresentado como uma comunidade de culto sacro às Musas e a Apolo, Senhor das Musas. E uma comunidade de homens que buscavam o verdadeiro bem poderia ser legalmente reconhecida de tal forma. O objetivo da Escola não era produzir um saber com fins de erudição, mas formar, mediante o saber e sua organização, homens novos, capazes de renovar o Estado. A Academia, em suma, na visão de Platão, repousa no pressuposto de que o conhecimento torna os homens melhores e, por conseguinte, também a sociedade e o Estado.

Entretanto, graças ao escopo de alcançar esse objetivo ético-político, a Academia abre as portas a per-

> A Academia e sua finalidade

sonalidades de diferentes formações e de várias tendências. Indo muito além dos horizontes socráticos, Platão fez com que matemáticos, astrônomos e também médicos dessem aulas, promovendo fecundos debates na Escola. Eudoxo de Cnide, por exemplo, que foi o matemático e astrônomo mais conhecido daqueles tempos, intervém com frequência nos debates acerca da teoria das Ideias.

2. Espeusipo e Xenócrates

Espeusipo Já com o primeiro sucessor de Platão, que foi Espeusipo (sobrinho de Platão), diretor da Academia de 347/346 a.C. a 339/338 a.C., iniciou-se uma rápida involução da Escola. Espeusipo negou a existência das Ideias e dos Números ideais, reduzindo todo o inteligível de Platão apenas aos "entes matemáticos". Além deles, admitia os planos das "grandezas", o plano da "alma" e o do "sensível", mas não soube deduzir esses planos de maneira sistemática e orgânica de princípios supremos comuns.

Xenócrates A Espeusipo sucede Xenócrates, que dirigiu a Academia de 339/338 a.C. a 315/314 a.C. Ele corrigiu as teorias dos predecessores, buscando uma via intermediária entre elas e a de Platão. O Uno e a Díade são os princípios supremos dos quais derivam todas as demais coisas. Xenócrates exerceu influência sobretudo por sua tripartição da filosofia em: (1) "física"; (2) "ética"; (3) "dialética". Tal tripartição teve enorme fortuna, na medida em que dela se serviram por cerca de meio milênio o pensamento helenístico e o da época imperial para fixar os quadros do saber filosófico.

3. Polemon, Crates e Crantor

Após a morte de Xenócrates, durante a metade do século seguinte, a Academia foi dominada por três pensadores que produziram uma mudança do clima espiritual que tornou a Escola de Platão irreconhecível. Foram eles: Polemon, que foi dirigente da Escola, Crates, que sucedeu Polemon por um breve período, e Crantor, companheiro e discípulo de Polemon. Em seus escritos e em seu ensinamento são predominantes as instâncias da nova época, às quais, no entanto, epicuristas, estoicos e céticos souberam dar expressão muito diversa.

BIBLIOGRAFIA

Obras de Platão

Opere complete. Introdução e índice temático de G. Giannantoni. Roma/Bari: Laterza, 2001-2004.

Tutti gli scritti. Direção de G. Reale. Milão: Bompiani, 2005. Tradutores: G. Reale (*Eutifrone, Apologia di Socrate, Protagora, Gorgia, Menone, Ione, Simposio, Fedro, Timeo*); M. L. Gatti (*Cratilo, Alcibiade maggiore, Alcibiade minore, Ipparco, Amanti, Eutidemo*); C. Mazzarelli (*Teeteto, Sofista, Politico, Filebo*); M. Migliori (*Parmenide*); M. T. Liminta (*Teagete, Carmide, Lachete, Liside, Ippia maggiore, Ippia minore, Menesseno*); R. Radice (*Clitofonte, Repubblica, Crizia, Minosse, Leggi, Epinomide, Lettere*)[1].

---

1. Além das referidas, cf. a tradução dos *Diálogos* feita por Carlos Alberto Nunes (14 vols., Belém, Ed. UFPA, 1973), reeditada em edição bilíngue. Belém, Ed. UFPA, 2014; cf., ainda, Platão, *Diálogos*, vol. 1: *Mênon, Banquete, Fedro* (trad. de Jorge Paleikat); vol. 2: *Fédon, Sofista, Político* (trad. de Jorge Paleikat e João Cruz Costa); vol. 3: *A República* (trad. de Leonel Vallandro), Rio de Janeiro/Porto Alegre/São Paulo. Editora Globo, 1961 (edição parcialmente reeditada no volume *Platão* — coleção "Os Pensadores"). São Paulo, Abril,

Fedro. Texto crítico de J. Burnet (trad., interpretação analítica e comentário de G. Reale). Milão: Mondadori-Fondazione Lorenzo Valla, ³2005. [*Fedro*. J. Cavalcante de Souza (trad. bras.). Ed. bilíngue. São Paulo: Editora 34, 2016].

La Repubblica. (trad. e comentário de M. Vegetti). 7 vols. Nápoles: Bibliopolis, 1998-2007. [*A República*. A. L. de Almeida Prado (trad. bras.). São Paulo: Martins Fontes, 2009; *A República*. J. Ginsburg (trad.), D. Lopes e L. A. Machado Cabral (rev.). São Paulo: Perspectiva, 2006].

Simposio. Texto crítico de J. Burnet (trad., interpretação analítica e comentário de G. Reale). Milão: Mondadori-Fondazione Lorenzo Valla, ²2007. [*Banquete*. J. Cavalcante de Souza (trad. bras.). Ed. bilíngue. São Paulo: Editora 34, 2016].

Eutifrone. G. Reale (trad.). Brescia: La Scuola, 2013 [*Eutífron/Apologia de Sócrates*. A. Malta (trad. bras.). Porto Alegre: L&PM, 2007].

Gorgia. G. Reale (trad.). Brescia: La Scuola, 2013. [*Górgias*. D. Lopes (trad. bras.). São Paulo: Perspectiva, 2013. Manuel de Oliveira Pulquério (trad. port.). Lisboa: Edições 70, ⁵2004].

Critone. G. Reale (trad.). Brescia: La Scuola, 2013. [*Êutifron, Apologia de Sócrates, Críton*. José Trindade Santos (trad. port., introd. e notas). Lisboa: Imprensa Nacional – Casa da Moeda, ⁴1993].

Protagora. G. Reale (trad.). Brescia: La Scuola, 2013. [*Protágoras*. D. Lopes (trad. bras.). São Paulo: Perspectiva, 2017].

1973, com a tradução do *Banquete* de José Cavalcante de Souza [cf. *infra*]). [N. do T.]. Veja-se também as traduções recentes: *Mênon* (trad. de Maura Iglésias), São Paulo/Rio de Janeiro, Loyola/Ed. PUC-Rio, 2001; *Parmênides* (trad. de Maura Iglésias e Fernando Rodrigues), São Paulo/Rio de Janeiro, Loyola/Ed. PUC-Rio, 2003; *Filebo* (trad. de Fernando Muniz), São Paulo/Rio de Janeiro, Loyola/Ed. PUC-Rio, 2012; *Carta VII* (Introd. de T. Irwin; trad. de José Trindade Santos e Juvino Maia Jr.), São Paulo/Rio de Janeiro, Loyola/Ed. PUC-Rio, 2008; *Eutidemo* (trad. de Maura Iglésias), São Paulo/Rio de Janeiro, Loyola/Ed. PUC-Rio, 2011.

Fedone. G. Reale (trad.). Brescia: La Scuola, 2015. [*Fédon*. Maria Teresa Schiappa de Azevedo (trad.). Brasília: Ed. UnB/Imprensa Oficial, 2000].

Obras sobre Platão

Findlay, J. N. *Platone. Dottrine scritte e non scritte*. Ed. com uma antologia dos testemunhos antigos sobre as doutrinas não escritas. Ed. it. sob a direção de R. Davies. Milão: Vita e Pensiero, 1994.

Friedlaender, P. *Platone*. A. Le Moli (trad. it.); G. Reale (introd.). Milão: Bompiani, 2004.

Gadamer, H.-G. *Studi platonici*. 2 vols. Ed. italiana sob a direção de G. Moretto. Genova: Marietti, 1998.

Gaiser, K. *La dottrina non scritta di Platone. Studi sulla fondazione sistematica e storica delle scienze nella scuola di Platone*. G. Reale (apres.); V. Cicero (trad. it.). Milão: Vita e Pensiero, 1994.

——. *Testimonia platonica. Le antiche testimonianze sulle dottrine non scritte di Platone*. G. Reale (introdução e estabelecimento gráfico-tipográfico). V. Cicero (tradução, índice e revisão dos textos). Milão: Vita e Pensiero, 1998.

Havelock, E. A. *Cultura orale e civiltà della scrittura da Omero a Platone*. Roma/Bari: Laterza, 1995 [trad. bras.: *A revolução da escrita na Grécia*. São Paulo: Paz e Terra, 1996].

Jaeger, W. *Paideia. La formazione dell'uomo greco*. Milão: Bompiani, 2003 [trad. bras.: *Paideia. A formação do homem grego*. São Paulo: Martins Fontes, 2003].

Kramer, H. *Platone e i fondamenti della metafisica. Saggio sulla teoria dei principi e sulle dottrine non scritte di Platone con una raccolta dei documenti fondamentali in edizione bilingue e bibliografia*. G. Reale (introd. e trad.). Milão: Vita e Pensiero, 2001.

Natorp, P. *Dottrina platonica delle Idee*. G. Reale e V. Cicero (ed. it.). Milão: Vita e Pensiero, 1999 [trad. bras.: *Teoria das Ideias de Platão*. 2 vols. São Paulo: Paulus, 2017].

Reale, G. *Corpo, anima e salute: il concetto di uomo da Omero a Platone*. Milão: Raffaello Cortina, 1999 [trad. bras.: *Corpo, alma e saúde. O conceito de homem, de Homero a Platão*. São Paulo: Paulus, 2002].

———. *Platone. Alla ricerca della sapienza segreta*. Milão: Rizzoli, 2004.

———. *Storia della filosofia greca e romana*. 10 vols. Milão: Bompiani, 2004 [*História da filosofia grega e romana*. Marcelo Perine (trad. bras.). 9 vols. São Paulo: Loyola, 2009].

———. *Per una nuova interpretazione di Platone alla luce delle dottrine non scritte*. Milão: Bompiani, ^{22}2010 [*Para uma nova interpretação de Platão*. Marcelo Perine (trad. bras.). São Paulo: Loyola, 1997].

Richard, M.-D. *L'insegnamento orale di Platone*. P. Hadot (prefácio). G. Reale (trad. it.). Milão: Bompiani, 2008.

Robin, L. *Platone*. F. Calabi (trad. it.). Bologna: Cisalpino, 1996.

———. *La teoria platonica dell'amore*. G. Reale (prefácio). D. Gavazzi (trad.) Porta. Milão: Celuc, 1973.

Ross, D. *Platone e la teoria delle Idee*. G. Giorgini (trad.). Bologna: Il Mulino, 1989.

Stenzel, J. *Platone educatore*. F. Gabrieli (trad.). Roma/Bari: Laterza, 1974.

Taylor, A. E. *Platone. L'uomo e l'opera*. M. Corsi (trad.), apresentação de M. Dal Pra. Florença: La Nuova Italia, 1987.

ILUSTRAÇÕES

Acrópole de Eleia

A cidade de Eleia (atual **Velia**, que faz parte de **Ascea** Marinha) foi fundada no século VI a.C. por cidadãos vindos de **Focea**, cidade da Iônia, após a invasão persa. Teve conspícuo florescimento até o século III, tendo sido sede de uma das maiores escolas filosóficas pré-socráticas, fundada por Parmênides, sucedido por Zenão e Melisso de Samos, tornando-se um dos centros mais conhecidos e importantes da Magna Grécia. Do que restou, destaca-se sobretudo a Porta Rosa (assim chamada por causa da cor das pedras das quais é feita), com uma esplêndida estrada que conduz a ela, datada do século IV a.C.

Alguns imaginam que ela pode ter sido a porta que inspirou os versos de Parmênides, nos quais se diz:

> *Lá está a porta dos*
> *caminhos da noite*
> *e do dia,*
> *com um **lintel** nos dois*
> *extremos*
> *e uma **limiar** de pedra;*
> *e a porta, ereta no éter,*
> *é protegida por*
> *grandes batentes.*

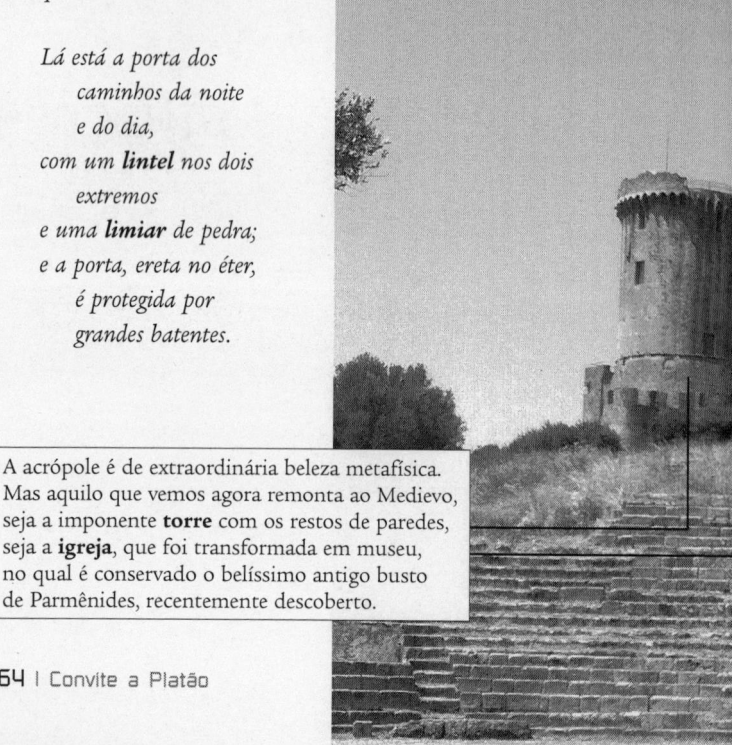

A acrópole é de extraordinária beleza metafísica. Mas aquilo que vemos agora remonta ao Medievo, seja a imponente **torre** com os restos de paredes, seja a **igreja**, que foi transformada em museu, no qual é conservado o belíssimo antigo busto de Parmênides, recentemente descoberto.

A **Porta Rosa** situa-se no cume de uma subida; do outro lado há uma paisagem diferente, por isso se pode pensar que Parmênides a escolheu como imagem emblemática de seu poema.

Templo de Apolo em Delfos

Como lugar espiritual, Delfos pode ser considerado o centro da Grécia. O imaginário dos helenos o considerava o umbigo do mundo, ou seja, o centro do mundo. Em Delfos havia o templo consagrado a Apolo, que remonta ao século VII a.C., reconstruído muitas vezes, com seu famoso oráculo. Apolo respondia às questões que lhe eram feitas mediante a Pítia. E todos os gregos o consultavam ao menos uma vez na vida.

No frontispício da porta do santuário estava escrito o famoso preceito que, a partir de Sócrates, torna-se fulcro da filosofia moral: "Conhece-te a ti mesmo". Diz-se também que sobre a fachada do templo havia uma série de três grandes "E", o primeiro em madeira, o segundo em ferro e o terceiro em ouro.

Plutarco forneceu a mais bela e aguçada interpretação desses "E", em conexão com o grande preceito. O E indicaria *Ei*, que em grego quer dizer "És", e indicaria uma saudação que o homem devia dar ao deus Apolo antes de entrar em seu templo, após ter lido

Templo de Apolo, em Delfos.

O tolo no Santuário de Atena Pronaia.

aquilo que o próprio deus lhe diz, isto é, "Conhece-te a ti mesmo". A mensagem comunicada ao ser humano pelo E junto ao preceito seria, portanto, a seguinte: "Só tu, como deus, sois o ser, enquanto nós, homens, somos aparência do ser".

Fica, de qualquer modo, evidente que o preceito "Conhece-te a ti mesmo" impõe-se, em todo caso, não apenas como base da cultura dos gregos, mas como o problema por excelência que se coloca ao homem ocidental, e que continua a se colocar.

A Acrópole de Atenas

Acrópole significa "cidade alta". Por mais que seja discutida a origem do termo, parece que deriva de *akros*, que significa "alto", e *pólis*, que significa "cidade".

Nos tempos antigos, era a parte da cidade cercada de muros e fortificada contra o assalto dos inimigos, mas, pouco a pouco, tornou-se o lugar consagrado aos deuses, em honra dos quais foram construídos templos que viraram lugares sagrados.

A Acrópole de Atenas tornou-se a mais grandiosa, logo, a mais célebre expressão da grandiosidade atingida pela própria cidade do ponto de vista cultural e político.

Considera-se que tenha sido consagrada ao culto desde os tempos antigos. Destruída em 480 a.C., Péricles confiou a Fídias a tarefa de supervisionar e dirigir os trabalhos de reconstrução.

No Partenon era guardada a estátua **crisoelefantina** da deusa Atena, com onze metros de altura, obra de Fídias, da qual sobreviveu uma cópia do século II de nossa era.

Atena, protetora da cidade de Atenas, predominava na Acrópole e a ela era dedicado também o templo menor de Atena Nike.

Recorde-se que Atena, sobretudo na Antiguidade Tardia, tornou-se a deusa da filosofia por excelência, e a coruja — seu pássaro sagrado — tornou-se também um símbolo da filosofia.

A *loggia* com as Cariátides.

O grandioso templo Partenon e o **Ereteu** são os dois mais belos monumentos conservados, embora parcialmente.

Mosaico dos filósofos

Esse mosaico foi encontrado nas escavações de uma antiga vila nos arredores de Pompeia e é conservado no Museu Arqueológico Nacional de Nápoles. Já foi considerado uma representação dos Sete Sábios, mas, depois das detalhadas análises de Konrad Gaiser (*Die Philosophenmosaik in Neapel*. Heidelberg, 1980), considerou-se como representante da Escola platônica, sendo então denominado *Mosaico dos filósofos*. O arquétipo do mosaico remonta a cerca de 200 a.C., e a cópia conservada no Museu de Nápoles remonta ao século I d.C. A interpretação do mosaico como representação dos Sete Sábios tem a seu favor apenas o número dos sete personagens, mas contra si o tema acerca do qual discutimos, ou seja, as questões de caráter cosmológico, que não têm nenhuma relação com os Sete Sábios.

> Os personagens que estão discutindo, da esquerda para a direita, são os seguintes: o primeiro é Heráclides Pôntico, que dirigiu interinamente a Academia durante a última viagem de Platão à Sicília. O segundo personagem é Espeusipo, sobrinho de Platão e seu sucessor na direção da Academia. O terceiro personagem é Platão, que com um bastão indica o globo celeste, deixando claro o tema de caráter cosmológico sobre o qual se está discutindo. O quarto personagem, que está um pouco fora do círculo, é um filósofo que visita a Academia, podendo, portanto, representar um filósofo platônico tardio, talvez a pessoa que encomendou o mosaico. O quinto personagem é Eudoxo de Cnide, o grande matemático e astrônomo que foi muito importante para a Academia platônica. O sexto personagem é Xenócrates, segundo sucessor de Platão na direção da Academia. O sétimo personagem é Aristóteles, em seu típico posicionamento de polêmica com Platão.

O santuário campestre representado por um portal de ingresso com uma **oliveira** representa o Santuário das Musas, que Platão havia mandado construir na Academia.

O monte representado ao fundo do mosaico representa a Acrópole de Atenas, com os elementos fundamentais que a constituem: além do monte, a escadaria e os muros.

A *Escola de Atenas* de Rafael

A *Escola de Atenas* de Rafael é um afresco da sala de **Segnatura** no Vaticano conhecido no mundo todo. Foi construída entre 1508 e 1511.

A fonte de inspiração é a República de Platão, a qual, no livro VII, explica como se chega à filosofia passando pelas ciências (representadas simbolicamente pelos quatro graus): (1) a música, (2) a aritmética, (3) a geometria (dos planos e dos sólidos), (4) a astronomia.

No primeiro nível do afresco estão, à esquerda, os representantes da música e da aritmética (em particular, os pitagóricos) e, à direita, os representantes da geometria (no magnífico grupo com Euclides e seus discípulos) e os astrônomos (com as figuras de Ptolomeu e Zoroastro).

À esquerda há um sacerdote que lê num livro uma mensagem órfica segundo a qual, após uma série de reencarnações devidas a alguma falta cometida, eles retornarão a viver entre os deuses. No centro do grupo encontra-se a base de uma coluna que simboliza o fato de que é sobre essa mensagem que se apoia a grande coluna do pensamento antropológico grego.

Os planos dos filósofos se iniciam com a representação dos sofistas que um socrático pretende refutar. Segue-se o grupo dos socráticos, o dos platônicos e dos aristotélicos (Platão e Aristóteles são representados no centro, como fulcro do pensamento filosófico).

O personagem com o manto vermelho [em pé e mais à direita] é Plotino, próximo de quem está um grupo de filósofos cínicos. O personagem no centro, sobre os degraus, é Diógenes, o Cínico.

Para se aprofundar um pouco mais, veja G. Reale, *La Scuola di Atene di Raffaello*, Milão, Bompiani, 2005, agora também em *Raffaello. La Stanza della Segnatura*, Milão, Bompiani, 2010, que inclui um filme dirigido por Elisabetta Sgarbi.

Grupo dos sofistas
Pródico (ou Hípias), Protágoras, Górgias

Grupo dos socráticos
Apolodoro, Alcebíades, Aristodemo, Xenofonte, Sócrates

Grupo dos platônicos
Críton, Filipe de Opunte ou Dion de Siracusa, Xenócrates, Espeusipo, Platão

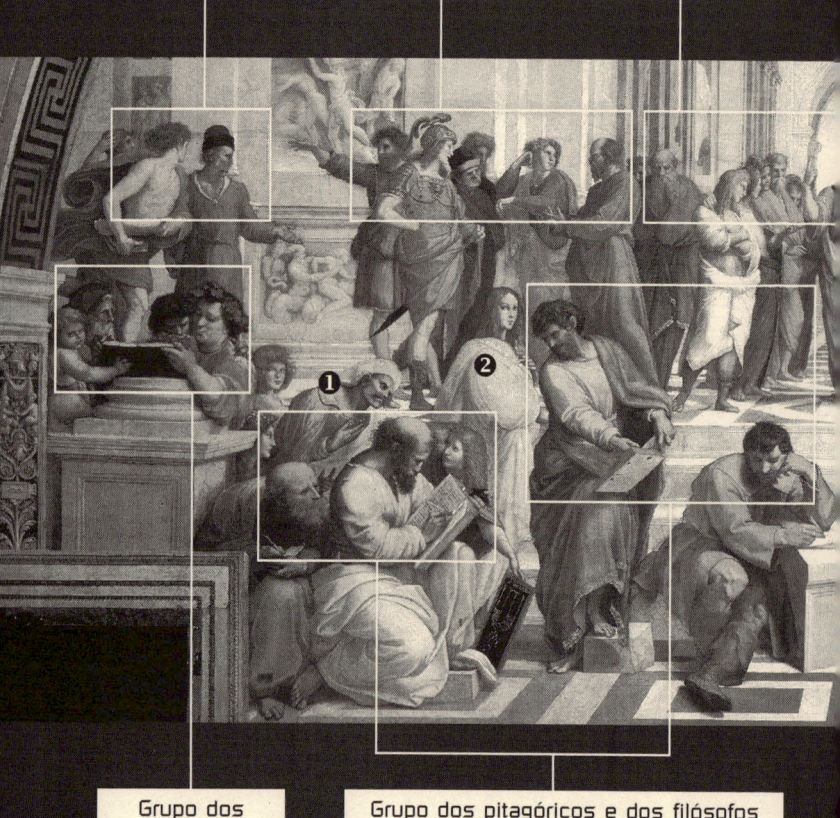

Grupo dos órficos
Cerimônia de um rito órfico

Grupo dos pitagóricos e dos filósofos pré-socráticos inspirados pelo orfismo
Filolau, Pitágoras, Empédocles, Heráclito

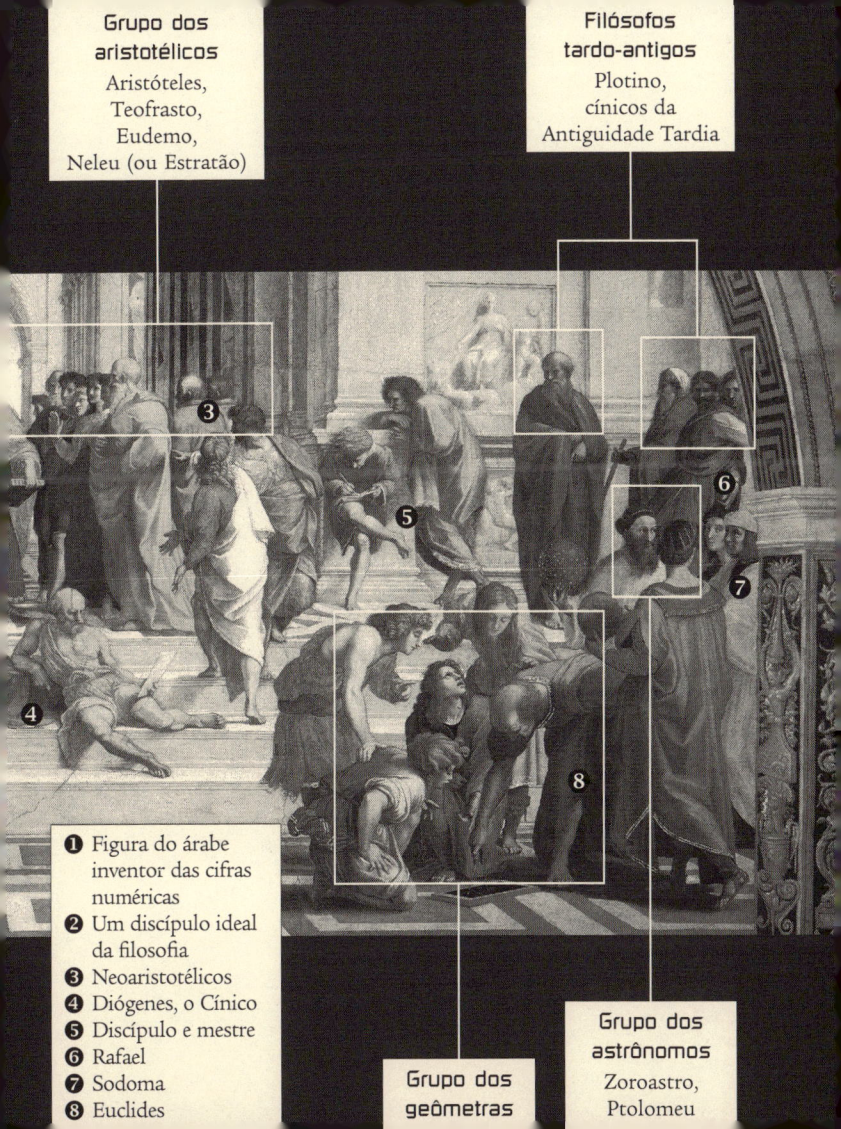

Grupo dos aristotélicos
Aristóteles, Teofrasto, Eudemo, Neleu (ou Estratão)

Filósofos tardo-antigos
Plotino, cínicos da Antiguidade Tardia

❶ Figura do árabe inventor das cifras numéricas
❷ Um discípulo ideal da filosofia
❸ Neoaristotélicos
❹ Diógenes, o Cínico
❺ Discípulo e mestre
❻ Rafael
❼ Sodoma
❽ Euclides

Grupo dos geômetras

Grupo dos astrônomos
Zoroastro, Ptolomeu

Platão e Aristóteles

Créditos das imagens

Acrópole de Eleia

Páginas 164-165: *Acrópole de Eleia*. Zona arqueológica de Velia, Ascea, Itália. Imagem de © Sergiogen. © Adobe Stock.

Página 165: "*Porta rosa*" *de Velia*. Zona arqueológica de Velia, Ascea, Itália. Imagem de Carlomorino. 15 de jullho de 2011. © Wikimedia Commons: <https://commons.wikimedia.org/wikiFile:Velia_0977.jpg>.

Templo de Apolo em Delfos

Páginas 166-167: Ruínas do Templo de Apolo (séc. IV a.C.), Delfos, Grécia. Imagem de Helen Simonsson. 11 de maio de 2012. © Wikimedia Commons: <https://commons.wikimedia.org/wiki/File:Delfi_Apollons_tempel.jpg>.

Página 167: Tolo no Santuário de Atena Pronaia, Delfos, Grécia. Imagem de Kufoleto (Antonio De Lorenzo e Marina Ventayol). 6 de agosto de 2007. © Wikimedia Commons: <https://commons.wikimedia.org/wiki/File:Delfos_templo_Delphi_Temple_Tholos_cazzul.JPG>.

A Acrópole de Atenas

Páginas 168-169: Acrópole de Atenas vista do Monte Filopapou, Grécia. Imagem de Salonica84. 3 de setembro de 2006. © Wikimedia Commons: <https://commons.wikimedia.org/wiki/File:Acropolis-Athens34.jpg>.

Página 169: Erecteion (Pórtico das donzelas), Acrópole de Atenas, Grécia. 11 de julho de 2007. © Wikimedia Commons: <https://commons.wikimedia.org/wiki/File:Erechteum_(Porch_of_the_maidens)_-_Acropolis,_Athens,_Greece_-_20070711.jpg>.

Mosaico dos filósofos

Página 171: Mosaico romano de Pompeia representando a Academia de Platão (séc. I a.C.). Acervo do Museu Arqueológico Nacional, Nápoles, Itália. Imagem de Jebulon. 29 de julho de 2015. © Wikimedia Commons: <https://commons.wikimedia.org/wiki/File:MANNapoli_124545_plato%27s_academy_mosaic.jpg>.

A *Escola de Atenas* de Rafael

Páginas 172-176: A *Escola de Atenas* (1509-1511). Afresco de Rafael Sanzio (1483-1520) nas Salas de Rafael, Palácio Apostólico, Vaticano. © Wikimedia Commons: <https://commons.wikimedia.org/wiki/File:%22The_School_of_Athens%22_by_Raffaello_Sanzio_da_Urbino.jpg>.

Edições Loyola

editoração impressão acabamento

Rua 1822 nº 341 – Ipiranga
04216-000 São Paulo, SP
T 55 11 3385 8500/8501, 2063 4275
www.loyola.com.br